广东省民族宗教研究院
"图说广东民族与宗教"书系

杨晶晶 金玉阶 ● 著

图说广东满族

广东人民出版社
·广州·

图书在版编目（CIP）数据

图说广东满族 / 杨晶晶，金玉阶著. —广州：广东人民出版社，2023.1
（"图说广东民族与宗教"书系）
ISBN 978-7-218-16126-6

Ⅰ.①图… Ⅱ.①杨… ②金… Ⅲ.①满族—民族历史—广东—图集 ②满族—民族文化—广东—图集 Ⅳ.①K282.1-64

中国版本图书馆CIP数据核字（2022）第190604号

TUSHUO GUANGDONG MANZU
图 说 广 东 满 族
杨晶晶　金玉阶　著

版权所有　翻印必究

出 版 人：肖风华

总 策 划：罗贻乐
责任编辑：胡　萍　王　鹏　谢应祥
责任技编：吴彦斌
装帧设计：友间文化

出版发行：广东人民出版社
地　　址：广州市越秀区大沙头四马路10号（邮政编码：510199）
电　　话：（020）85716809（总编室）
传　　真：（020）83289585
网　　址：http://www.gdpph.com
印　　刷：珠海市豪迈实业有限公司
开　　本：787毫米×1092毫米　1/12
印　　张：10　字　数：120千
版　　次：2023年1月第1版
印　　次：2023年1月第1次印刷
定　　价：108.00元

如发现印装质量问题，影响阅读，请与出版社（020-85716849）联系调换。
售书热线：（020）87716172

目录

总　序 / 1

前　言 / 1

第一章　八旗驻粤 / 1
一、受命南下 / 3
二、划区驻防 / 8
三、骑射操演 / 11
四、和平易帜 / 20

第二章　生计变迁 / 23
一、钱粮制度 / 23
二、自谋营生 / 26
三、白手兴家 / 29

第三章　兴办学堂 / 31
一、官学义学 / 31
二、同文馆教育 / 34
三、新式学堂 / 36

第四章　古迹寻根 / 41
　　一、历史建筑 / 41
　　二、杰出代表 / 52
　　三、家谱族谱 / 57

第五章　民俗风韵 / 61
　　一、宗教信仰 / 61
　　二、居室宅院 / 64
　　三、服饰饮食 / 66
　　四、礼仪节庆 / 76
　　五、民间艺术 / 83

第六章　满族新貌 / 87
　　一、人口发展 / 87
　　二、社团组织 / 90
　　三、社会活动 / 94

参考文献 / 106

后　记 / 108

总序

2010年7月，中共广东省委十届七次全会召开，专题研究建设文化强省，接着出台了《广东省建设文化强省规划纲要（2011—2020年）》（以下简称《纲要》）。省委全会专门讨论文化工作，规格之高，历史少见。《纲要》中有不少内容与广东省民族、宗教文化密切相关，如提出加强对重点文物、非物质文化遗产、古籍的有效保护、开发和利用，保护和发展文化遗产；做好国家级和世界文化遗产申报和保护利用工作，推动有条件的地区申报国家和省级历史文化名城、名镇、名村；加大重点非物质文化遗产项目及其生态环境的整体性保护，建立广府文化、客家文化、潮汕文化、雷州文化、华侨文化、禅宗文化、海洋文化、少数民族文化等文化生态保护区，打造若干个国家级文化生态保护区。《纲要》还设定了广东文化强省建设十项工程，未来10年"文化强省"的蓝图清晰可见。其中特别提到设立韶关乳源瑶族自治县文化生态保护区、清远连南瑶族自治县文化生态保护区、清远连山壮族瑶族自治县文化生态保护区等。

广东省的民族与宗教有着鲜明的地域特色。民族方面，56个民族成分齐全，世居少数民族有瑶族、壮族、回族、满族、畲族等，各有丰富多彩的民族文化。有连南瑶族自治县、连山壮族瑶族自治县、乳源瑶族自治县3个民族自治县，以及连州市三水瑶族乡、瑶安瑶族乡，阳山县秤架瑶族乡，始兴县深渡水瑶族乡，怀集县下帅壮族瑶族乡，龙门县

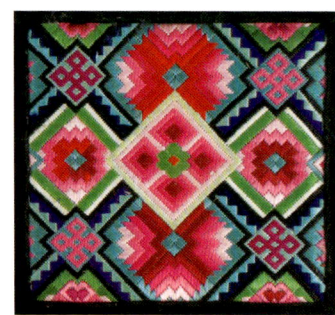

蓝田瑶族乡，东源县漳溪畲族乡7个民族乡。宗教方面，广东自古就有多种宗教存在，佛教、道教、伊斯兰教、天主教、基督教等各自有传播与演化的历史过程，宗教传播历史久远，宗教文化底蕴深厚。

广东省民族宗教研究院在长期的学术实践中形成了自己独特的研究特色和研究团队，在全国学术界颇有影响。过去研究院的学术成果主要体现在专门论著与调研报告上，此次编辑出版图录是成果表现形式上的一次创新。"图说广东民族与宗教"书系的出版，将具有以下重要意义：

第一，贯彻落实省委、省政府建设文化强省的决策部署，弘扬广东省民族、宗教优秀文化；

第二，充分、直观地反映广东特色鲜明的民族、宗教历史与文化，成为广东文化独特的宣传名片，为建设文化强省服务；

第三，保存珍贵的历史图片，为了解、研究民族和宗教提供有参考价值的视觉资料；

第四，在全国率先出版民族、宗教图录，创新研究成果的表现形式。

书系以"图说"的形式全面反映广东的民族和宗教的历史、文化、景观、人物、建筑等，力求以图存史，以图寻迹，集录广东民族与宗教方面的珍贵图片，既有史料价值，又有现实意义；既能反映事件，又能表现人物。

书系计划首批出版10种，分别是瑶族、壮族、回族、满族、畲族五大世居少数民族和佛教、道教、伊斯兰教、天主教、基督教五大宗教专题，以后陆续延伸至自治县、民族乡、特色村寨及主要的寺观堂点，乃至文化、人物等专题。冀政府部门、出版机构、专家学者、民族同胞、宗教人士等各方通力合作，资源互通，假以时日，定成大观。

前言

满族的祖先最早可追溯到公元前11世纪的肃慎，其后不断发展融合，到了唐代，被称为靺鞨，建立了"海东盛国"——渤海国。位于北部的靺鞨七大部之一的黑水靺鞨在渤海国灭亡后逐渐南迁并取代靺鞨而兴，辽代时被契丹人称为"女直（真）"，从此靺鞨的称谓被"女真"取代。12世纪初，女真的完颜部统一了女真各部，建立了金朝。明代万历末年，努尔哈赤率领建州女真崛起，并以"八旗制度"吸收进中国北方其他一些民族的成员，最终锻造出一个新的民族——满洲。[①]今天我们所称的"满族"即辛亥革命后对"满洲族"的简称。满族先世在历史发展朝代更迭中先后三次建立了政权，由渤海国到金朝再到清朝，历时千年，其政治势力扩展不断递进，且所辖疆域一次比一次更为广阔，正如孟森所言："千年之间，三为大国，愈廓愈大。"[②]

据《驻粤八旗志》记载，康熙二十年（1681），三藩之乱平定后，清王朝派3000名京旗汉军驻防广州。自乾隆二十一年（1756）起，十二年间裁撤半数驻广州汉军，从京旗和天津调1500名满洲八旗官兵到广州顶补。他们和他们的家眷成为

---

① 关凯：《中国满族》，宁夏人民出版社2012年版，第7页。
② 孟森：《明清史讲义》（下册），中华书局1981年版，第369页。

广东地区的第一批满族人口。驻粤八旗的驻地在广州城西，俗称"旗民区"，满八旗和汉八旗的驻防区域互相衔接但界限分明，以光塔路为界，汉八旗在北部，满八旗在南部，其中各旗又分别有各自划定的区域。驻粤八旗官兵肩负着为清王朝守卫边疆、巩固统治的重任，因此有定期的骑射操演训练制度，以确保军队的战斗力。1911年，在各方协商努力下，驻粤八旗官兵宣告脱离清政府统治，取消八旗制度，军队重新改编，至此，广东实现了和平易帜。

经济上，驻粤八旗官兵以清王朝发放的粮饷和补贴作为主要收入来源，俗称"食钱粮"。在乾隆、嘉庆年间，满洲八旗官兵收入稳定，生活较为富足。但另一方面，在钱粮制度的保障和王朝的限制约束下，八旗兵丁逐渐脱离生产，丧失了劳动技能。至道光五年（1825），由于人口增加、物价上涨等原因，清王朝下拨的粮饷逐渐不能满足八旗官兵的生活需要，清政府只得废除禁令，准许八旗余丁外出谋生。而后清朝统治日渐式微，八旗子弟为了生存，开始学习诸如手工、织造等谋生

技艺。辛亥革命后，钱粮制度彻底废止，在粤满人失去了经济来源，只得自谋出路，他们或任海关、邮政职员，或从事小商品经营，或从事做鞋、穿牙刷等手工劳作，生活非常艰辛。清政府统治被推翻以后，许多满族人不得不隐瞒民族成分，甚至改名换姓以求自保。中华人民共和国成立前，社会动荡不安，在粤满族人民有的逃往外地，有的死于疾病和饥饿，满族人口锐减。

中华人民共和国成立后，党和政府贯彻各民族一律平等的民族政策，散居在广东的满族人民和全国人民一样，真正成为国家的主人。政治上，满族人民获得了参政议政的平等权利，满族干部迅速成长；经济上，满族人民的生活水平有了极大提高，党和政府通过组织生产、介绍工作等方式，解决了满族人民的就业问题，无劳动力的贫困家庭还得到了政府的救济补助；文教卫生方面，满族适龄儿童受教育率大幅提升，由于卫生医疗条件得到改善，在粤满族人口数量逐渐增加。

改革开放后，从全国各地到广东务工经商的满族人越来越多。2010年第六次全

国人口普查时，广东满族人口已增长到29557人。广州市满族群众还组建了联系族胞的社团组织"广州市满族历史文化研究会"（前身为"广州市满族联谊会"），协助政府挖掘保护满族传统文化艺术，收集民族历史文物，整理民族历史资料，出版民族刊物，开展历史文化研究并组织满族族胞参观访问、寻根问祖，开展各项具有民族特色的文化娱乐活动。

满族从中国北方迁至岭南地区260多年，虽然在清政府驻防期间划城而居，刻意地与本地民众保持一定距离，但在语言、建筑、饮食、婚丧习俗、民间艺术等方面还是不可避免地融入了岭南特色。尤其到清末以后，满汉通婚已成普遍现象。满族与广东本地百姓的交往交流越来越频繁，逐渐形成了一种既保留民族特色又融合了岭南风情的广东满族文化。语言上，粤语和普通话已成为广东满族的通用语言；建筑风格上，广州的满洲大屋与北方的四合院不同，多为"三进深，三边过"，且镶嵌极具岭南特色的"满洲窗"，但依然保留着满族"以西为贵"的传统观念；饮食上，广东满族依然保留着吃"饽饽"、酸辣面等北方面食的习惯，却也热衷于到当地茶楼品茗交谈吃茶点；民间艺术上，也充分体现了满族特色与岭南特色的生动融合，如民谣《月光光》，借用广府粤语童谣《月光光》的曲调，用富含北方语言词汇的广州满洲话唱出了在粤满族人的家庭生活轶事。

本书以翔实的史料为基础，以精美的图片为承载，生动再现了满族迁居广东260多年的发展历程，分门别类地介绍了广东满族的历史、经济、文化、教育、信仰、建筑、艺术、民俗等，对广东满族涌现出的杰出人物也作了简单介绍。希望通过这本书，使读者更加了解广东五大世居少数民族之一——满族。

第一章 八旗驻粤

满族是一个勤劳、勇敢、纯朴、智慧的民族，是中国最古老的民族之一。满族先民形成和发展于黑水（今黑龙江流域）、长白（今长白山地区），故有发源于"白山黑水"之说，后遍布于东北地区。清顺治元年（1644），满族入主中原，定都北京，不久便将八旗军队分遣到京畿及全国97个驻防点。驻防各地八旗子弟，因清政府改为常驻制，长期定居下来，日后成为当地的满族人。

据《驻粤八旗志》记载，自"清康熙十八年，三藩难平，中原大定，分遣八旗驻防边腹。二十年，广州派京旗汉军三千，携眷来粤。后经七十五年，至乾隆二十一年裁汰汉军

19世纪广州城

之半，调京旗满洲兵一千五百名，携眷来粤合驻，将汉军出旗名额，即以满兵顶补"。清乾隆二十一年（1756），1500名满洲八旗官兵携眷分六批从北京、天津来粤驻防，驻地范围是广州城里西边靠南地区的"旗民区"，位于今越秀区大德路以北、光塔路以南，东起解放中路，西至人民中路一带。追溯源流，如今散居

19世纪60年代前的广州珠江北岸

图说广东 满族

在广州的满族人，主要是驻粤满洲八旗兵的后裔，迄今已有260多年的历史。

一、受命南下

驻防八旗在满洲入关前已开始设立，入关后这一制度逐渐发展完善。扼要守险的驻防八旗成为有清一代的全国制度化的武装力量，其作用是不言而喻的。

广州为岭南重地，是清政府派驻的97个驻防点之一，这对于维护全国政局和地区稳定具有至关重要的意义。清初，由于清王朝力量尚不足以直接统治南方各省，因此将汉人降将有功者分封管理一些南方省份：吴三桂封平西王，镇守云南，兼辖贵州；尚可喜封平南王，镇守广东；耿仲明封靖南王，死后，其子耿继茂袭封，镇守福建，史称"三藩"。"三藩"兵力雄厚，共统兵十余万，且其庞大的军费全由国库支付。三王在所镇守的省份权力甚大，远超过当地官员，逐渐形成威胁清王朝统治的割据势力。藩镇制沿袭了不到20年就发生了著名的"三藩之乱"。康熙十二年（1673）十一月，吴三桂以康熙帝颁布撤藩令为由发动叛乱，扯起"复明"旗号。随后，耿精忠（耿仲明之孙）据福建叛、尚之信（尚可喜之子）据广东叛，滇、黔、湘、川、桂、闽六省俱失，战乱扩大到赣、陕、甘等省。年轻的康熙帝采取大力讨伐与招抚笼络双管齐下的策略，于康熙二十年（1681）平定了延续八年之久的"三藩之乱"。平叛之后他将藩兵全部撤回京师，出于慎重起见，派八旗兵驻防福州、广州、荆州，派绿营兵镇守广西和云南。因此，取消藩镇制，改派八旗部队驻防南中国重地，这是清王朝加强中央集权的重要手段，在当时意义非同小可。

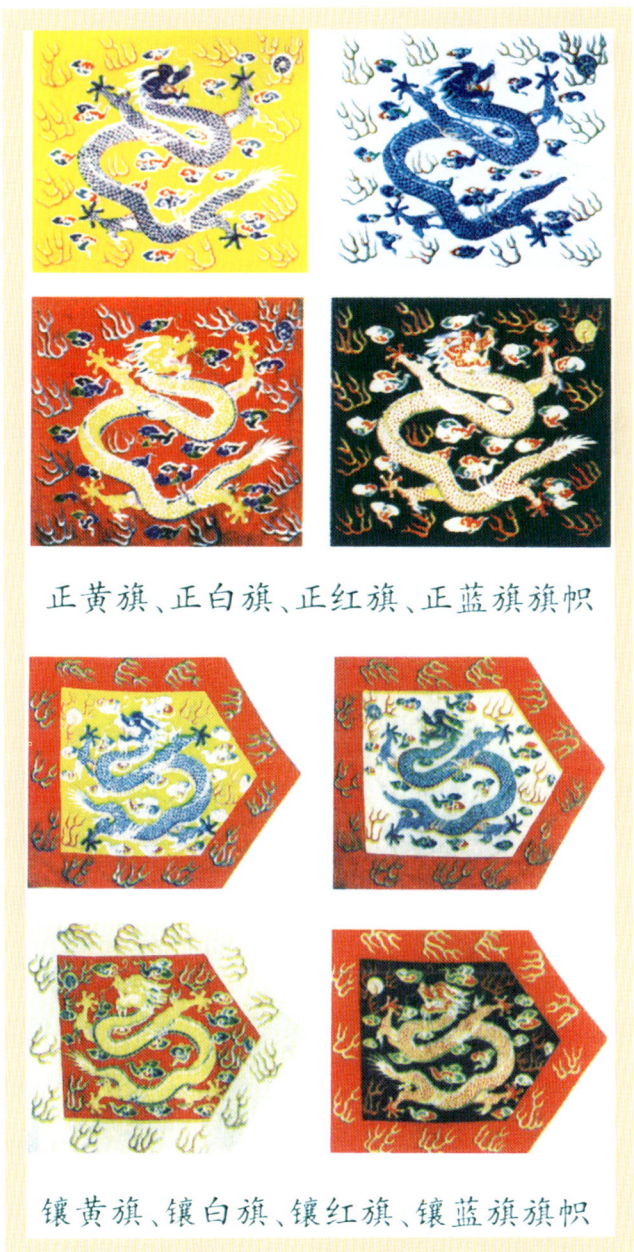

正黄旗、正白旗、正红旗、正蓝旗旗帜

镶黄旗、镶白旗、镶红旗、镶蓝旗旗帜

八旗旗帜

a | b

a. 八旗武士
b. 收藏于中国国家博物馆的康熙皇帝画像

自1757年起，清政府限定广州为当时中国唯一的海上通商口岸，规定外国商人必须通过广州的洋行进行贸易。因此八旗驻防广州，不仅可以防范外国商团，也为保证商贸通畅和保护国家安全。[1]

据《驻粤八旗志》记载，最早驻粤的清军是汉

---

[1] 汪宗猷、李筱文：《驻粤八旗》，广东人民出版社2013年版，第18页。

在广州的满族人，主要是驻粤满洲八旗兵的后裔，迄今已有260多年的历史。

一、受命南下

驻防八旗在满洲入关前已开始设立，入关后这一制度逐渐发展完善。扼要守险的驻防八旗成为有清一代的全国制度化的武装力量，其作用是不言而喻的。

广州为岭南重地，是清政府派驻的97个驻防点之一，这对于维护全国政局和地区稳定具有至关重要的意义。清初，由于清王朝力量尚不足以直接统治南方各省，因此将汉人降将有功者分封管理一些南方省份：吴三桂封平西王，镇守云南，兼辖贵州；尚可喜封平南王，镇守广东；耿仲明封靖南王，死后，其子耿继茂袭封，镇守福建，史称"三藩"。"三藩"兵力雄厚，共统兵十余万，且其庞大的军费全由国库支付。三王在所镇守的省份权力甚大，远超过当地官员，逐渐形成威胁清王朝统治的割据势力。藩镇制沿袭了不到20年就发生了著名的"三藩之乱"。康熙十二年（1673）十一月，吴三桂以康熙帝颁布撤藩令为由发动叛乱，扯起"复明"旗号。随后，耿精忠（耿仲明之孙）据福建叛、尚之信（尚可喜之子）据广东叛，滇、黔、湘、川、桂、闽六省俱失，战乱扩大到赣、陕、甘等省。年轻的康熙帝采取大力讨伐与招抚笼络双管齐下的策略，于康熙二十年（1681）平定了延续八年之久的"三藩之乱"。平叛之后他将藩兵全部撤回京师，出于慎重起见，派八旗兵驻防福州、广州、荆州，派绿营兵镇守广西和云南。因此，取消藩镇制，改派八旗部队驻防南中国重地，这是清王朝加强中央集权的重要手段，在当时意义非同小可。

正黄旗、正白旗、正红旗、正蓝旗旗帜

镶黄旗、镶白旗、镶红旗、镶蓝旗旗帜

八旗旗帜

a | b

a. 八旗武士
b. 收藏于中国国家博物馆的康熙皇帝画像

自1757年起,清政府限定广州为当时中国唯一的海上通商口岸,规定外国商人必须通过广州的洋行进行贸易。因此八旗驻防广州,不仅可以防范外国商团,也为保证商贸通畅和保护国家安全。①

据《驻粤八旗志》记载,最早驻粤的清军是汉

---

① 汪宗猷、李筱文:《驻粤八旗》,广东人民出版社2013年版,第18页。

军八旗。康熙二十年（1681），清政府从京畿调派3000名汉军八旗，携带家眷到广州驻防。随着时间的推移，汉军八旗的战斗力逐渐下降，同时清政府为了防范和辖制汉军八旗，决定在包括广州在内的军事重地以满洲八旗官兵取代部分汉军八旗。乾隆二十一年（1756），广州汉军八旗被裁半数，以满洲八旗子弟顶补合驻。"乾隆二十一年第一起满兵到广，二十三年、二十四年第二起、第三起满兵到广，前后共五百名，不敷操防。三十年第四起另户满兵二百五十名到广，三十一年第五起另户满兵二百五十名到广。京旗难再抽调，三十二年乃调天津满兵五百名，陆续到广，以足一千五百名额。"①这1500名满洲八旗官兵由于等级不同，来粤的路径、方式和待遇也不同。官员从海上乘船到广州天字码头上岸，在八旗会馆稍住。上任时，由两广及八旗官员到接官亭迎接。满洲八旗兵丁则携带家眷从陆路来粤，当时交通不便，路途遥远，他们经长途跋涉，备受艰苦。

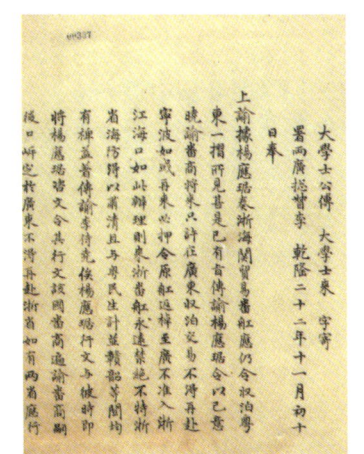

a
b

a. 乾隆皇帝"一口通商"上谕：洋船只准在广东停泊交易
b. 十三行（约19世纪通草水彩画）

① 汪宗猷主编：《广东满族志》，广东人民出版社1994年版，第20页。

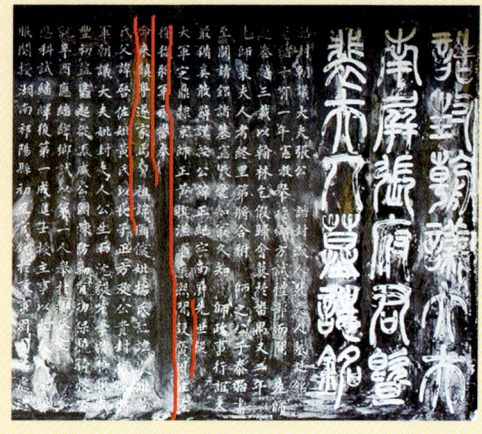

a | b

a. 据（乾隆）《大清会典则例》载，乾隆二十年（1755）廷议，裁广州驻防八旗汉军1500名，调京师八旗满洲兵1500名补充。满族入粤，即自此始

b. 位于广州市白云山摩云路侧的正黄旗汉军张正纪夫妇墓侧的墓志铭，记载了康熙年间清政府调派汉军八旗驻粤的史实

驻防旗人最初仿效天聪时旧制，三年一换防。三年驻守期满，八旗兵可以回到北京、东北或者调往其他驻地。当时，驻粤八旗兵服役期未满时，有人去世也只是暂时埋在塔形的"草堆"里，不设置墓碑，等待换防时将逝者尸骨带回故乡安葬。但当驻防逐渐稳定以后，随着驻防处所日益增多，又距京师遥远，换防也变得日益困难。乾隆二十一年（1756）二月，清政府颁布上谕，正式废止归旗制度，将驻防各地八旗兵改为"常川驻守制"，使当兵的满人永久驻守外地，世代为皇室服役。这一纸命令改

行军（广州博物馆藏品）

乾隆年间的清兵①

变了在全国各地驻防的八旗子弟的命运，使他们散居在全国97个驻防地，成为今天这些地方世居满族的祖先。

将军府花园内的旗人清兵（1869—1870年摄于广州）

① 选自[英]威廉·亚历山大著，沈弘译：《1793：英国使团画家笔下的乾隆盛世》，浙江古籍出版社2006年版。

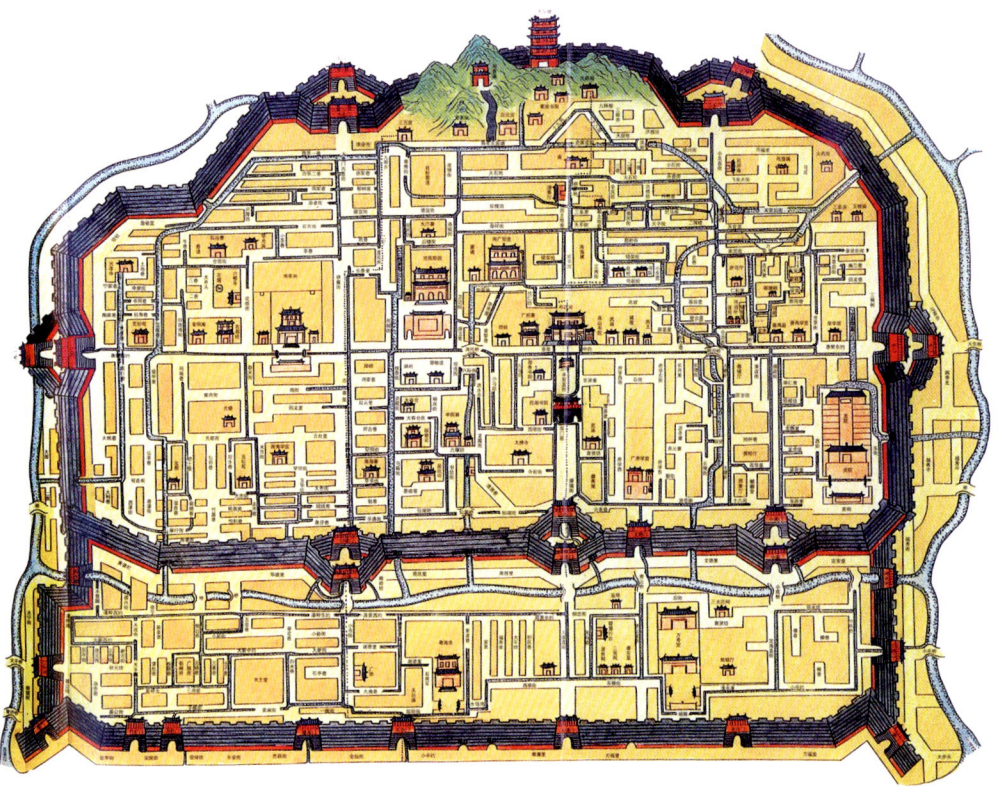

广州城坊地图

二、划区驻防

　　清王朝初定天下之时，为八旗官兵及其家眷独立建城或者划区居住，称为"满城"或"满营"，而不与民人杂居。驻防营地不仅是兵营，也是旗人的一个小社会。一开始，八旗制度对旗兵的限制是极为苛刻的，驻防官兵必须在指定区域内活动，不得任意迁徙，若因事外出，要到衙署告假领票。满城统治者将八旗官兵离城的范围限制在十里以内，旗人超出此范围即以"逃旗者"

19世纪初的广州城远景

论，按《驻粤八旗逃人例》处罚。《驻粤八旗逃人例》规定如下：

第一条 初次逃走被获者鞭一百，一年内投回者免罪，一年外投回者鞭六十。

第二条 二次逃走被获者枷号一月鞭一百，六个月投回者免罪，六个月外投回者鞭八十。

第三条 三次逃走被获者发黑龙江当差，三个月内投回者免罪，三个月外投回者鞭一百。

第四条 三次后复逃者虽自行投回不论年月即照初次逃走被获例鞭一百，交旗约束。①

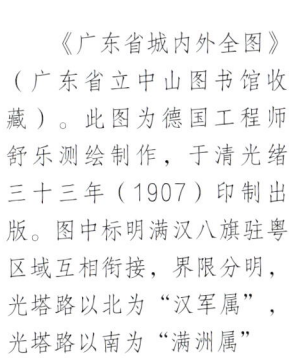

《广东省城内外全图》（广东省立中山图书馆收藏）。此图为德国工程师舒乐测绘制作，于清光绪三十三年（1907）印制出版。图中标明满汉八旗驻粤区域互相衔接，界限分明，光塔路以北为"汉军属"，光塔路以南为"满洲属"

---

① 汪宗猷主编：《广东满族志》，第39页。

驻粤八旗驻防广州，分设满洲八旗和汉八旗的驻地，称"旗民区"。满汉八旗驻防区域虽互相衔接，但界限划分严格。满洲八旗规定在广州城里西边靠南地区为驻地。东西线是：东自四牌楼街（今解放中路）中心起，西至西门城墙（今人民中路）止。南北线是：南自大德街（今大德路）归德门城墙起，北至光塔街（今光塔路）中心止。满洲八旗子弟居住地区内，各旗驻防地段又有具体分界线，不得混淆。

镶黄旗：自大德街（今大德路）起，沿尚国里、拐角楼、铁炉巷至诗书街（今诗书路）南段止。

正白旗：自象牙街起，沿梳篦街、麻行街、南濠街南段、西濠街（今海珠中路）南段至诗书街（今诗书路）南段止。

正黄旗：自绒线街起，沿白薇街至毕公巷止。

正红旗：自大市街（今惠福西路）以南起，沿绒线巷、走木巷、竹篙巷、扁担巷、温良里、南濠街北段、七株榕至晚红园（今观绿路）止。

镶白旗：自大市街以北起，沿玉华坊、米市街（今米市路）南段、甜水巷南段、仙邻巷南段至大市街"左都统署"（今广东省人民医院惠福西门诊部）东边止。

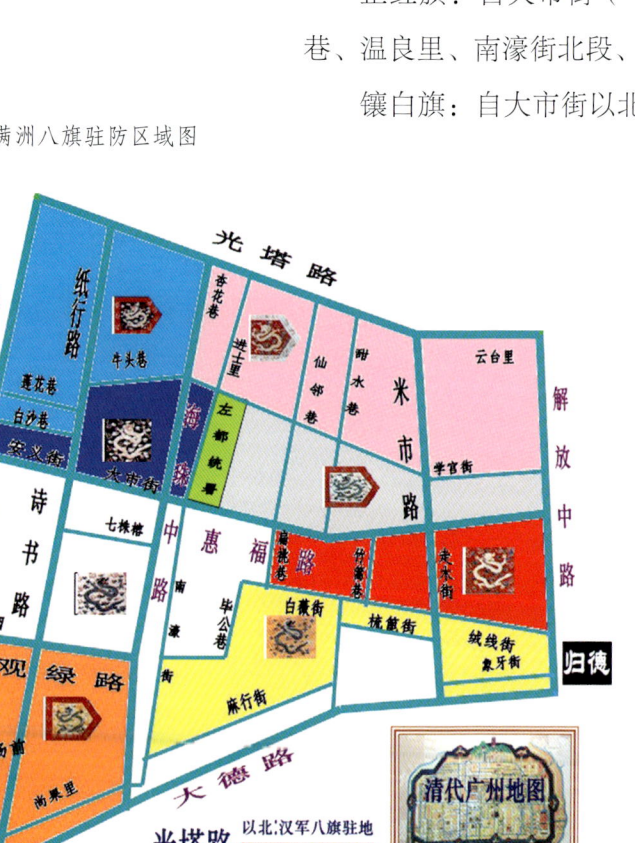

满洲八旗驻防区域图

正蓝旗：自大市街"左都统署"以西起，沿进士里（今进步里）南段，仙羊街（今海珠中路）南段、牛头巷、诗书街北段、安义街（今改建为惠福西路）至大利巷止。

镶红旗：自云台里起，沿学宫街、米市街北段、光塔街以南一带至仙羊街街口止；再由甜水巷北段起，沿仙邻巷北段、进士里北段至杏花巷止。

镶蓝旗：自光塔街以南仙羊街街口起，沿仙羊街北段、纸行街（今纸行路）南段、莲花巷、红沙巷至白沙巷止。

满城中除了有总督衙门、水师提督衙门等官府衙门，还有八旗的宗祠8间，另有供奉观音菩萨的观音楼

1座。《驻粤八旗志》卷二《建置志》中记载满城中的设施有衙署、军署、兵房、堆卡、台、栅栏、箭道、马圈、应火援、印务处、公衙门、左司衙门、右司衙门、官学、义学、书院、同文馆、粮仓、银库、军器库、火药局、监狱等，其余的房舍、酒楼、街市等民众生活设施应有尽有，在广州当地居民的包围中形成一个界限分明、自给自足的生活世界。

三、骑射操演

广州为岭南一大都会，满汉旗兵驻防于此的主要任务是为清王朝守卫边疆，巩固清王朝的统治。因此，在清王朝处于内忧外患之时，既要攘外也要安内。对外，在鸦片战争期间为抵御英国侵略者的进攻，保卫广州城，不少旗兵浴血奋战在城头。对内，则多次参与镇压农民起义，如出兵台湾镇压林爽文起义，镇压连山排瑶起义，

a. 道光二十一年（1841）5月25日，英军进攻广州城北观音山上的四方炮台，八旗兵猛烈还击，图为英军占领的四方炮台

b. 第一次鸦片战争中，湖南镇竿镇总兵祥福率湘勇支援广东，在黄埔乌涌口抗击英军

c. 光绪三十四年（1908），广东某地出发前去弹压宗族械斗的清兵

a. 正在缉私的清兵旧照
b. 广州的清兵演练
c. 清政府编练新式军队时，新编成的广东陆军操练情形

镇压北郊、花县（今花都）、从化等地的"红匪"，还曾远赴惠州、潮州和广西"剿匪"，也有不少旗兵殒身于战场。此外，他们日常还负责广州满城的治安，秋季则需参加燕塘演放大炮等名曰"大操"的军事演习。

满族是一个以武功定天下的少数民族。清朝统治者在远离京城2000多公里的南海之滨驻扎心腹部队，试图通过一些举措保证八旗官兵勇猛的战斗力和对皇权的效忠。清朝统治者利用这个民族骁勇尚武的特征不断激发他们的民族意识，强化他们的凝聚力，以维护驻粤八旗官兵对清王朝的忠诚。他们对八旗官兵的骑射训练尤为重视。《驻粤八旗志》中收录的从康熙元年（1662）至同治九年（1870）的圣谕共有85则，其中强调骑射操演之重要意义的有24则。清朝统治者认为"骑射国语乃满洲之根本，

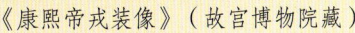

清顺治帝锁子锦盔甲（故宫博物院藏）

《康熙帝戎装像》（故宫博物院藏）

《乾隆大阅图》（局部）：乾隆帝铠甲骑马像（故宫博物院藏）

旗人之要务"[1]。

首先他们将善骑射作为选拔人才的基本条件。"上谕大学士等曰：'兵部考武官射箭；合例者方记册录用……其严之，其慎之。'"[2] "满洲等读书、学习翻译因系当务之事，而马步箭究系满洲根本，断不可不至精纯……是以凡遇考试，必特派王大臣先看马步箭，择其稍可者方准其应试。"[3] "嗣后各省驻

---

[1] 乾隆十七年上谕，参见（清）长善等纂：《驻粤八旗志》，辽宁大学出版社1992年版，第13页。
[2] 《清圣祖实录》卷137，第497页上。
[3] （清）长善等纂：《驻粤八旗志》，第21页。

a	b
c	d

a. 《马术图》轴，郎世宁等绘于清乾隆十九年（1754）。乾隆帝正率领文武官员及来归的蒙古族首领观看八旗官兵的骑术表演（故宫博物院藏）
b. 《马术图》（局部）（故宫博物院藏）
c. 《乾隆皇帝射猎图》轴（故宫博物院藏）
d. 《乾隆皇帝及妃威弧获鹿图》卷（局部）。清代宫廷纪实绘画，描绘乾隆帝在山野之中策马弯弓射猎，一箭正中鹿身的场景（故宫博物院藏）

18世纪《广州阅兵图》油画

防旗员有年逾六十以上不能骑射者,俱不准保列卓异。"

其次驻粤八旗兵营中有着严格的操练章程。"又每年十一月内,率领满汉官兵赴燕塘地方,演放大炮等语。均著照所拟认真训练,分别劝惩,不可日久生懈,有名无实。"[①]

清政府还要求管辖兵丁之大臣官员"理宜操练武艺,习劳苦、耐寒暑以及疾稳、超距、扑跌等技"[②],规定"八旗武职大臣、官员及各省驻防武职大臣、官员,年未至

---

① 广东省地方史志编委会办公室、广州市地方志编委会办公室编:《清实录广东史料(三)》,广东省地图出版社1995年版,第491页。
② (清)希元原注,林久贵点注:《荆州驻防志》卷2《敕谕》,湖北教育出版社2002年版,第21页。

a | b

a. 弓箭队的掌旗官
b. 步兵

五十五岁者,勒限半年,令各奋力学习一切技勇",若有不遵,"必重加惩治责革,照违旨例治罪,断不宽宥"。①

道光十一年(1831)还专门降旨强调监督事宜:"……驻防兵丁历久疏懈。阅今百有余年,承平日久,恐该兵丁等于骑射操演渐涉因循废弛,殊失分防驻守讲求武备之意。夫兵可百年不用,不可一日无备。所有此项驻防兵丁,该将军、副都统等务当督饬所属,随时认真训练,如有技艺生疏者务应革退另补,并拣选年力精壮、娴习骑射、膂力骁勇者方准披甲……"②

《驻粤八旗志》卷一《官兵额设》中记载:"八旗兵营中设将军一名,满洲副都统一名,协领四员(两旗一员)、佐领八员、防御十六员(每旗上甲喇一员,下甲喇一

---

① (清)长善等纂:《驻粤八旗志》,第7页。
② (清)长善等纂:《驻粤八旗志》,第30页。

a | b | c

a. 参将
b. 武士
c. 武将（19世纪广州外销通草纸水彩画）

越秀山下的校场阅兵图

图说广东
满族

图说广东 满 族

a. 清广东巡抚部院校场
b. 清朝步兵重武器——抬铳

穆克德讷,满洲镶白旗。咸丰七年至同治元年(1857—1862)任广州将军

西林觉罗·孚琦。光绪三十二年(1906),出任广州副都统,后署理广州将军。宣统三年(1911)春,被革命党人暗杀

员)、骁骑校十六员(每旗上甲喇一员,下甲喇一员)、将军衙门笔帖式一员。兵额:领催一百二十名,前锋一百五十名,马甲七百三十名,弓匠八名(每旗一名),铜匠一名,铁匠四名,副甲二百名,无米炮手一百二十名,养育兵四百名,余兵二十名,增设洋操余兵四十名,合满洲八旗兵丁共一千七百九十三名。"

各地驻防八旗职官设置因地而异,驻防八旗的主要官员及职司各设官署。将军下设副都统一至两人,以下按旗佐设有协领、佐领、防御、骁骑校诸职,逐级掌管平时官兵训练、教阅和旗营的诸项事务;直属于将军或都统衙门的有左右两司,分别办理官员升补、调任,以及旗兵编制、训练和官兵粮食、户口、马乾、武器及抚恤等诸事务。

四、和平易帜

1911年10月10日（宣统三年八月十九日），湖北新军里的文学社与共进会发动武昌起义，次日成立中华民国军政府鄂军都督府，全国革命形势风起云涌。10月25日，新任广州将军凤山到达广州后被革命军炸死。清政府不得不破例派出身汉族的两广总督张鸣岐兼代广州将军职务。10月底，广东同盟会会员陈炯明、邓铿和彭瑞海等人在广东化州、南海、顺德、三水等地组织民军起义。

1911年10月25日，广东咨议局召集各大团体在下九甫文澜书院开大会，提出"无论满人、汉人、本省人、外省人、中国人、外国人，凡在我广东者，皆可享受共和平等之

凤山。宣统三年（1911）10月25日，清朝新任广州将军凤山被革命党人炸死

越秀山上的光复纪念亭，就是为纪念推翻清王朝而建

穆克德讷，满洲镶白旗。咸丰七年至同治元年（1857—1862）任广州将军

西林觉罗·孚琦。光绪三十二年（1906），出任广州副都统，后署理广州将军。宣统三年（1911）春，被革命党人暗杀

员）、骁骑校十六员（每旗上甲喇一员，下甲喇一员）、将军衙门笔帖式一员。兵额：领催一百二十名，前锋一百五十名，马甲七百三十名，弓匠八名（每旗一名），铜匠一名，铁匠四名，副甲二百名，无米炮手一百二十名，养育兵四百名，余兵二十名，增设洋操余兵四十名，合满洲八旗兵丁共一千七百九十三名。"

各地驻防八旗职官设置因地而异，驻防八旗的主要官员及职司各设官署。将军下设副都统一至两人，以下按旗佐设有协领、佐领、防御、骁骑校诸职，逐级掌管平时官兵训练、教阅和旗营的诸项事务；直属于将军或都统衙门的有左右两司，分别办理官员升补、调任，以及旗兵编制、训练和官兵粮食、户口、马乾、武器及抚恤等诸事务。

凤山。宣统三年（1911）10月25日，清朝新任广州将军凤山被革命党人炸死

四、和平易帜

1911年10月10日（宣统三年八月十九日），湖北新军里的文学社与共进会发动武昌起义，次日成立中华民国军政府鄂军都督府，全国革命形势风起云涌。10月25日，新任广州将军凤山到达广州后被革命军炸死。清政府不得不破例派出身汉族的两广总督张鸣岐兼代广州将军职务。10月底，广东同盟会会员陈炯明、邓铿和彭瑞海等人在广东化州、南海、顺德、三水等地组织民军起义。

1911年10月25日，广东咨议局召集各大团体在下九甫文澜书院开大会，提出"无论满人、汉人、本省人、外省人、中国人、外国人，凡在我广东者，皆可享受共和平等之

越秀山上的光复纪念亭，就是为纪念推翻清王朝而建

福"的决定,并在议和时推满族人舒裕厚为主席。八旗人员对此十分赞成,张鸣岐即以八旗将军名义,召集八旗协领征询意见,各协领表示:"连日八旗会议均如此主张,各团体提出维持公安问题,无不赞成,甚望能达此目的,使广东同享幸福。"八旗官兵亦贴出告示,一致同意省城各团体共保公安问题,还推举满洲代表傅祥康、汉军代表张世杰等出席九月初八再次在文澜书院举行的议和会议,满、汉各族人民均倾向于和平易帜。

此后,广东九大善堂及七十二行商会分别在爱育善堂集会,决定承认新政府及满、汉一体,共同发出融和公函:"佥以本省满、汉八旗官绅,既与各团体迭次会议,共维公安。彼此并无意见,现经同仁公决,极力保护满、汉八旗生命财产,即将来新政府军队来粤,亦必代为要求,与汉人一律看待。"11月7日,在舒裕厚的主持下,满汉八旗代表各三人,与汉代表邓华熙、江孔殷等三人在咨议局协定三条办法:1. 发给广州旗人安置费7.3万元,旗人赞成共和;2. 革命党保证旗人生命财产安全;3. 广州八旗兵改编为粤城军,由革命党人指挥。1911年11月9日,在广东省咨议局召开全省各团体大会,通过"广东独立方案",作出十项决议,部署人事,在第四项中特别提到"所有满人,一律看待",傅祥康还被推选为满族代表,会同革命党代表、汉军代表将印信送到广东军政府都督府。

广东宣告和平易帜,脱离清政府统治,驻防广州八旗官兵取消驻防制度,按照《关于满、蒙、回、藏各族待遇之条件》拟好的规定——解散八旗兵丁,取消八旗制度,满汉八旗军均进行改编。1911年11月17日,八旗新军四营改为警卫军,旧式满、汉旗兵则改编为粤城军10个营,每月发给饷银7.3万元,交给八旗自行处理。广东和平易帜是五族共和、民族团结的结果。

第二章 生计变迁

一、钱粮制度

八旗军队是清王朝的主力部队,八旗官兵均享受"粮饷制度"的待遇,广东称之为"钱粮制度"。饷银是八旗官兵的主要经济来源,他们不必也不能再从事其他生产经营。驻粤满洲八旗官兵及其家属,均靠领取钱粮维持生活,即"食钱粮"。

广州驻防八旗官兵除了得到政府的饷银和补贴外,还有房屋居住权、马匹使用权,还可得到蔬菜、木柴和食盐等物资补助。如食盐的分配为"满、汉八旗及水师旗营,协领九员,每员两包;佐领十员,每员一包半;防御三十四员,每员一包……"[①]

广州八旗官员如遇有祖父母、父母、妻室子媳白事及娶妻、娶媳、嫁女红事时另有补助,其中协领可得赏银40两,佐领可得赏银30两,防御可得赏银25两,骁骑校可得赏银20两。广州八旗兵丁遇有以上红白事时,前锋、领催、水师领催可得赏银8两,马甲、炮手、水师兵、副工兵可得赏银6两。

同时,阵亡官兵的家属依然可以领取政府的饷银,寡妇可以领取一半俸饷作为生活保障,孤子孤女亦可领取钱粮米石等生活物资,直至成婚后才取消政府资助。

---

① (清)长善等纂:《驻粤八旗志》,第309页。

清代驻粤满洲八旗官兵钱粮表之一：八旗官员部分

官衔	品级	八旗数	年支俸禄							年支米粮						备注
			千	百	十	两	钱	分	厘	百	十	石	斗	升	合	
将军	一品	1	2	1	1	3	2	0	0		1	7	6	9	7	6	1.满、汉八旗共一人。2.俸禄包括俸银180两，心红纸张150两，养廉银1500两，仪从人役银283.2两。3.米粮按家口60人计算
副督统	二品	1	1	2	8	9	8	7	6	2	8	0	2	3	6		1.满、汉八旗各一人。2.俸禄包括俸银155两，养廉银809.196两，马乾银148.68两，仪从人役银177两。3.米粮包括家口35人及养廉米
协领	三品	4		2	4	8	9	4	4			8	8	4	8	8	1.每两旗一员。2.俸禄包括俸银130两，马乾银118.944两。3.米粮按家口30人计算
佐领	四品	4		1	8	4	2	9	6			5	8	9	9	2	1.佐领每旗一员，其中四员由协领兼任。2.俸禄包括俸银105两，马乾银79.296两。3.米粮按家口20人计算
防御	五品	16		1	2	9	5	6	0			4	1	2	9	4	1.每旗两员。2.俸禄包括俸银80两，马乾银49.65两。3.米粮按家口15人计算
骁骑校	六品	16			9	9	6	4	8			3	5	3	9	5	1.每旗两员。2.俸禄包括俸银60两，马乾银39.648两。3.米粮按家口12人计算
笔帖式	七品	1			5	0	8	5	0			1	1	8	5	6	1.八旗共一员。2.俸禄包括俸银21.114两，马乾银29.736两

资料来源：《广东满族志》

清代驻粤满洲八旗官兵钱粮表之二：八旗旗兵部分

兵别	每旗人数	年支饷银							年支米粮						备注
		千	百	十	两	钱	分	厘	百	十	石	斗	升	合	
领催	15			5	1	2	2	4			2	9	4	9	6	1.饷银36两，马乾银15.024两。2.米粮按家口10人计算
前锋	19			5	1	0	2	4			2	9	4	9	6	同领催
马甲	91			4	3	1	5	3			2	3	5	9	6	1.饷银24两，色米银4.129两，马乾银15.024两。2.米粮按家口5人计算
副马甲	25			2	1	5	7	6			1	1	7	9	8	1.饷银12两，色米银2.064两，马乾银7.152两。2.米粮按家口5人计算
弓匠	1			1	2	0	0	0			2	3	5	9	6	1.饷银月支1两。2.米粮按家口8人计算
铜匠	公缺			1	2	0	0	0			2	3	5	9	6	同弓匠
铁匠	每二旗一名			1	2	0	0	0			2	3	5	9	6	同弓匠
养育兵	50			1	2	0	0	0				5	8	9	9	
余兵	每二旗五名			1	2	0	0	0								八旗共20名

资料来源：《广东满族志》

说明：

（1）乾隆二十一年（1756）拨满洲兵来粤合驻时，名额是：领催120名，前锋150名，马甲1230名，弓匠8名，铁匠4名，铜匠1名，共1513名。

（2）表列"兵别"及"每旗人数"系咸丰五年（1855）以后的变更数字。

当时钱粮制度的各等级划分非常细致，条款完善，在八旗兵营中形成了比较合理完善的经济保障体系。在这段时期，驻防广州的满人在经济生活上是比较安定的，例如以当时的生活水平估算，一个马甲兵的收入足够养活一家八口人。

然而，"食钱粮"的旗民在享受钱粮制度丰厚待遇的同时，也受到严格的管辖和种种限制，如不准学习技术，不准从事工农业、手工业生产，不准到外地经商，不准擅自离城十里，不准对外通婚等。这些限制使得当时驻防广州的满人不懂生产技术和生产知识，严重缺乏生存技能，成为清末广州满人经济贫困、生活艰难的主要根源。

钱粮制度不仅造成八旗兵丁几乎丧失生活技能，还改变了族人的思想和生活风气。驻防八旗兵的祖先在东北时战时为兵，平时为民，因此他们有的擅长渔猎，有的精于农耕，还有部分人从事手工业。入关后的百余年里，八旗兵额逐渐固定，在钱粮制度的保障和清王朝的限制约束下，服役的兵丁脱离了生产。出身贫苦的八旗兵丁无心也无条件再学习生活技能，生产方式的剧烈变化改变了八旗兵丁的思想和生活风气。据满族八旗兵后人回忆："满洲旗兵世世代代驻防在一个固定的地点，依靠钱粮度日，长期脱离生产。同时，太平日久，防务废弛，放哨和操练的时间也是虚应故事，养成饱食终日、无所事事的习惯，关外习气，消磨殆尽。尤其是一些官家子弟，游手好闲，骄惰成性，日事征逐于宴乐之场，打鹌鹑斗蟋蟀，打画眉，甚至暗中在家里开设赌局，吸食鸦片，出现种种不良现象。"[①]

斗蟋蟀

驻防早期，即乾隆、嘉庆年间，驻粤八旗官兵生活比较简朴，生活消费水平不高，各家人口又很少，所以这一时期他们的生活是比较安定的，相应地旗营中的秩序也很稳定。但是，随着时间的推移，钱粮制度越来越不能满足八旗官兵的生活需要。据史料记载，自乾隆二十一年（1756）到宣统三年（1911），清政府每年拨给驻粤八旗的钱粮总数一直没有变化。而自乾隆时期起，八旗兵营中人口逐年增加，当地物价不断上涨，八旗官兵的生活质量下降。为了应对钱粮不

---

① 武耀材：《钱粮制度对满族的影响及其后果》，汪宗猷主编：《广东满族研究资料汇集》（内部资料），1995年，第19页。

足的困境，广东八旗官员采取了一个折中的措施，即分散八旗兵丁的最小单位。他们逐步减少马甲兵额，增加副甲兵额，因为副甲兵领用的钱粮数仅是马甲兵的一半，这样可以使旗营中不断增加的人丁都有所养。根据满族老人的回忆和民间记载，清政府对钱粮的给予有时还借故减少。来粤驻防的满洲八旗兵，原定额为1500名，但其兵种除领催、前锋没有变动外，马甲则前后裁改了500名，实存730名，合计年得饷项43892.83两，米粮22959.1024石，比原来的应得饷项53078.19两，实际上还减少了9185.36两，应得米粮29024.064石，实际上还减少了6064.9616石，至于各种兵额却增加了253名。这些因素实际上大大减少了驻防广州的八旗民众的收入，使他们原本拮据的生活更加贫困。

道光五年（1825），为了解决旗民的生计，给旗民以谋生的出路，清政府只得准许八旗余丁外出谋生。同治三年（1864）清政府不得不承认"旗民生计维艰"，"听往各地谋生"。光绪年间，朝廷还要求各地驻防兵丁"另筹生计，各自食力"。至此，"食钱粮"实际上已不再是旗民经济生活的全部，粮饷制度也已难以为继。光绪末年，广东将军增祺在广州光孝寺开办纺织纱绸工艺厂，聘请技师教授八旗子弟学习手工业和织造技术，希望通过开办工厂解决八旗子弟的生活问题。但由于该厂经营不善，产品滞销，亏损巨大，加上增祺调任，工厂逐渐停办。此时，清政府只得特别允许八旗子弟带着"钱粮"，参加新建之新军，或加入巡警队伍，以求每月多领两三元饷银。其时参加新军者每旗50名，八旗合计400名，加入巡警队伍者也有八九十人。一些驻防八旗兵及其家属更不顾清政府的束缚，开始自谋生计。至此，驻防广州的满洲八旗子弟已逐步摆脱了清政府的种种限制和约束，改变了单一只靠"食钱粮"来维持生计的状况，走上了自食其力的第一步。在驻粤八旗中维持了150多年的粮饷制度，随着旗人的自食其力而发生了根本性动摇，逐步失去了原有的作用。1911年辛亥革命推翻清朝的统治，粮饷制度也随着清王朝的灭亡而彻底瓦解了。

二、自谋营生

辛亥革命后，广东和平易帜，取消粮饷制度，原驻防广州的满洲八旗官兵被编为"粤城军"。三个月后，"粤城军"解散，每名满兵只领取10元广东毫元做安家费，没有作其他安置。驻粤八旗兵及其家属的经济生活发生了急剧变化。在这巨变时期，广东满人主要靠以下几个方面来维持生计。

(一)靠"筹生计"维持暂时的生活

"筹生计"是在辛亥革命后的一种用以暂时解决满洲八旗人口经济和生活的临时性措施。[①]《大清宣统政纪》中记载,清帝逊位后,中华民国根据《关于大清皇帝辞位之后优待条件》及《优待皇室条件》等,给予皇族及满、蒙、回、藏各族相应待遇,其中涉及经济生活的有"王公中有生计过艰者,设法代筹生计""先筹八旗生计,于未筹定之前,八旗兵弁俸饷,仍旧支放"等条款。当时曾议定广东军政府每月向八旗兵丁发放饷银7.3万元作为生活补助,但没有实行。1912年4月起,每月只发给每个旗民8角钱作为生活费用,而且只发放了16个月后便告停发。

(二)在军队或警局当差

广东和平易帜后,原来当旗兵或当新军的,仍有100余人继续留在龙济光的炮兵营当兵。清末当警察的也有一部分继续留用。这批当差的人,虽然时间不长,但也能解决在政体转变后一段时期的生计问题。

(三)在海关或邮政任职

由于海关和邮政局的收入较为稳定且待遇比较丰厚,进入粤海关或邮政局工作,对于有文化的满人来说是一个很好的选择。但进入海关或邮政局的满人中能担任职员的仍是少数,多数人只是做听差、邮差等下层劳动者。他们的工作虽然艰苦,收入却比较固定,能基本维持家庭开销。据统计,在粤海关工作的满人最多时达到80余人,在广州邮政局工作的满人最高峰时达到60余人,约有1/5的广州满族家庭中有成员在海关或邮政局任职。

海关和邮政局的工作待遇虽好,但要求严格,工作艰苦。以民国初年的广州邮政局为例,要进入邮局工作首先要通过严格的考核,不同的岗位对应聘者的能力要求也不同。如邮务佐要求大学毕业,熟练掌握英文;邮

粤海关

[①] 广州市越秀区满族志编写组编:《越秀区满族志》(内部资料),1994年,第73页。

小商贩经营。广州满族小商贩中以经营水果生意居多。当时果栏（水果批发市场）设在海珠桥脚附近，到果栏进货时要学会用果栏行话来讲价，如"一、二、三、四、五、六、七、八、九、十"要说成"支、辰、斗、苏、码、令、侯、什、弯、腰"，否则就会被视为外行。小贩们还学会了刨、批、切等各种水果加工技艺，有些甚至能用两把水果刀双手批果皮。在贩卖过程中，小贩们编唱歌谣招徕顾客，如《潭州蔗拣来刨》《有沙梨就无热气》等。

务员要求高中毕业，懂英文、中文、数学等；邮差要求具有一定的文化程度，能默写《总理遗嘱》和写申请报告，能读一段报纸。应聘者还要熟悉广州街巷，掌握单手骑车技巧等。邮政工人每天工作十一二个小时，分早、午、晚三班，分发信件采取分区包干，不论严寒或酷暑，信件没有分送完都不能下班。

（四）从事小商贩经营

政体转变后，大部分满族人处境困难，没有生产技能，很难找到工作。为了谋生，他们开始从事小商贩行业，如贩卖水果、凉茶、香烟等。流动的满族商贩本钱很少，每天起早摸黑也只能获得微薄的收入，若遇到下雨天，没有生意，就要挨饿。

（五）从事手工业劳作

还有一些满族人从事手工业加工，主要集中在做鞋、穿牙刷等行业。从事做鞋业的满族人为数不少，他们多以做上线反底布鞋为主，有些鞋店自产自销兼替客人补鞋，如大市街（今惠福西路）的仁记鞋店、履华鞋店，四牌楼（今解放中路）的华安鞋店等。同时，在族胞的互相帮助下，不少满族妇女学会穿牙刷这门技艺，并在料理家务之余通过在家穿牙刷贴补家用。满族妇女穿牙刷的经验很丰富，工艺上也很熟练，但收入却是非常微薄的。每穿100支牙刷的工钱是1元或8角，熟练女工平均每天也只能完成三四十支，每天的收入仅有几角钱而已。

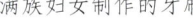
满族妇女制作的牙刷

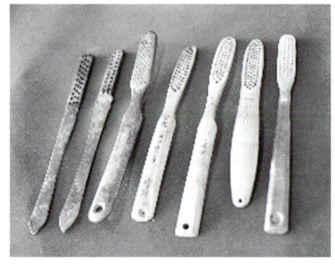

1938年10月，日军逼近广州，当地市民纷纷疏散回乡，在粤满人却无乡可归。极少数较富有的满人避往香港、澳门或附近乡村，但大多数满人只能留在广州。在日伪统治期间，他们的生活非常艰苦，失业现象严重，有的只能行乞街头。沦陷期间广州满族人口急剧减少，有六七百人死于疾病和饥饿。

抗战胜利后，因通货膨胀、物价飞涨，广州满人的生活依然非常艰难，失业与半失

（一）靠"筹生计"维持暂时的生活

"筹生计"是在辛亥革命后的一种用以暂时解决满洲八旗人口经济和生活的临时性措施。[①]《大清宣统政纪》中记载，清帝逊位后，中华民国根据《关于大清皇帝辞位之后优待条件》及《优待皇室条件》等，给予皇族及满、蒙、回、藏各族相应待遇，其中涉及经济生活的有"王公中有生计过艰者，设法代筹生计""先筹八旗生计，于未筹定之前，八旗兵弁俸饷，仍旧支放"等条款。当时曾议定广东军政府每月向八旗兵丁发放饷银7.3万元作为生活补助，但没有实行。1912年4月起，每月只发给每个旗民8角钱作为生活费用，而且只发放了16个月后便告停发。

（二）在军队或警局当差

广东和平易帜后，原来当旗兵或当新军的，仍有100余人继续留在龙济光的炮兵营当兵。清末当警察的也有一部分继续留用。这批当差的人，虽然时间不长，但也能解决在政体转变后一段时期的生计问题。

（三）在海关或邮政任职

由于海关和邮政局的收入较为稳定且待遇比较丰厚，进入粤海关或邮政局工作，对于有文化的满人来说是一个很好的选择。但进入海关或邮政局的满人中能担任职员的仍是少数，多数人只是做听差、邮差等下层劳动者。他们的工作虽然艰苦，收入却比较固定，能基本维持家庭开销。据统计，在粤海关工作的满人最多时达到80余人，在广州邮政局工作的满人最高峰时达到60余人，约有1/5的广州满族家庭中有成员在海关或邮政局任职。

海关和邮政局的工作待遇虽好，但要求严格，工作艰苦。以民国初年的广州邮政局为例，要进入邮局工作首先要通过严格的考核，不同的岗位对应聘者的能力要求也不同。如邮务佐要求大学毕业，熟练掌握英文；邮

粤海关

[①] 广州市越秀区满族志编写组编：《越秀区满族志》（内部资料），1994年，第73页。

小商贩经营。广州满族小商贩中以经营水果生意居多。当时果栏（水果批发市场）设在海珠桥脚附近，到果栏进货时要学会用果栏行话来讲价，如"一、二、三、四、五、六、七、八、九、十"要说成"支、辰、斗、苏、码、令、侯、什、弯、腰"，否则就会被视为外行。小贩们还学会了刨、批、切等各种水果加工技艺，有些甚至能用两把水果刀双手批果皮。在贩卖过程中，小贩们编唱歌谣招徕顾客，如《潭州蔗拣来刨》《有沙梨就无热气》等

务员要求高中毕业，懂英文、中文、数学等；邮差要求具有一定的文化程度，能默写《总理遗嘱》和写申请报告，能读一段报纸。应聘者还要熟悉广州街巷，掌握单手骑车技巧等。邮政工人每天工作十一二个小时，分早、午、晚三班，分发信件采取分区包干，不论严寒或酷暑，信件没有分送完都不能下班。

（四）从事小商贩经营

政体转变后，大部分满族人处境困难，没有生产技能，很难找到工作。为了谋生，他们开始从事小商贩行业，如贩卖水果、凉茶、香烟等。流动的满族商贩本钱很少，每天起早摸黑也只能获得微薄的收入，若遇到下雨天，没有生意，就要挨饿。

（五）从事手工业劳作

还有一些满族人从事手工业加工，主要集中在做鞋、穿牙刷等行业。从事做鞋业的满族人为数不少，他们多以做上线反底布鞋为主，有些鞋店自产自销兼替客人补鞋，如大市街（今惠福西路）的仁记鞋店、履华鞋店，四牌楼（今解放中路）的华安鞋店等。同时，在族胞的互相帮助下，不少满族妇女学会穿牙刷这门技艺，并在料理家务之余通过在家穿牙刷贴补家用。满族妇女穿牙刷的经验很丰富，工艺上也很熟练，但收入却是非常微薄的。每穿100支牙刷的工钱是1元或8角，熟练女工平均每天也只能完成三四十支，每天的收入仅有几角钱而已。

满族妇女制作的牙刷

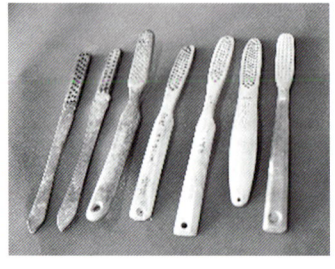

1938年10月，日军逼近广州，当地市民纷纷疏散回乡，在粤满人却无乡可归。极少数较富有的满人避往香港、澳门或附近乡村，但大多数满人只能留在广州。在日伪统治期间，他们的生活非常艰苦，失业现象严重，有的只能行乞街头。沦陷期间广州满族人口急剧减少，有六七百人死于疾病和饥饿。

抗战胜利后，因通货膨胀、物价飞涨，广州满人的生活依然非常艰难，失业与半失

业的现象仍然很严重。从事小商贩及小手工业的满人虽辛勤劳作，仍朝不保夕。整个广州满族的经济和生活陷入了萎靡不振的状况。

三、白手兴家

中华人民共和国成立后，在广州市民政、手工业部门和百货站的支持帮助下，广州满族人民组织生产自救，于1955年1月和1957年7月分别成立了广州满民文教用品生产供销组和广州满民五金制品社，解决了45名满族人及家属的就业问题。广州满族人民开始有了自己的手工业生产基地和手工业产品。1958年10月，满民文教生产自救社（《越秀区满族志》中称为广州满民文教用品生产供销组）、满族五金生产自救社（《越秀区满族志》中称为广州满族五金制品社）与回民化工厂合并成立了广州市民族综合工厂。20世纪60年代初期，该厂已拥有职工107人，其中满族职工67人。同时，在广州市民族事务部门的帮助下，满族纸盒组在原有基础上发展成为广州市回满族五金零件厂，进一步解决回族、满族人民就业和生产问题。

对于满族困难家庭，广州市民政部门通过发放救济金等方式，解决了80多户满族家庭的燃眉之急。对于满族失业人员，政府积极安排就业，如在中苏友好大厦天台开设甜品制作销售点，组织了20多名满族失业人员参加工作等。至1957年3月止，经政府部门推荐到各系统参加工作的满族青年共有70多人。对于贫穷的满族小商贩，政府还采取无息贷款的形式，帮助他们扩大经营、增加收入。

改革开放后，少数民族集体经济事业得到迅速发展。1984年4月，广州市民族经济建设服务公司成立，由广州回族、满族共同投资，性质为广州少数民族（回族、满族）集体所有制，公司11名董事中有4名是满族。该公司还与香港耀荣宁西房地产发展有限公司合作创办民族宾馆。

在改革开放的大潮中，广大满族人民生活水平普遍提高，广东世居满族和南下创业务工的满族同胞，在珠三角地区创办了不少私营企业，为当地社会经济发展贡献自己的力量。广东满族企业家创办的私营企业涉及工业制造、农副产品流通、餐饮服务等多个领域，在化工、木材、文具、乐器、照相材料、服装、印刷、饮食等行业都有具一定规模、较有影响力的企业，如广州振华贸易公司兴华商行，专营摩托车零件；广州宏丰贸易行，经营农副产品批发；广州市珠江印染化工有限公司，经销纺织化工原料产品；广州市大同琴行有限公司，经营销售钢琴等乐器，并开办艺术培训学校、艺术团等；广州格利蒙那提琴有限公司，是一家提琴生产制造企业，主要生产各种提琴及提琴附件；广州市富施达医疗器械有限公司，主营急救箱包和急救产品等医疗器械的开发、设计、生产、销售及售后服务；广东如丰九龙茶室餐饮管理有限公司，主要经营传统粤菜和茶餐厅，并向同行企业输送中、高级职业管理人员。

第二章 兴办学堂

一、官学义学

满洲的教育以"国语骑射"为根本，兼学汉文及汉族文化。清王朝历代帝王都认为"骑射国语乃满洲之根本，旗人之要务"。这一基本国策也成为指导满族教育的基本方针。《清朝文献通考》中记载康熙帝的一段话："我朝以武功定天下，而国书翻译贯穿经史，创千古所未有。凡考试满洲进士、举人，必先是二者，及准入闱。以其为国家本务，不可逐末而忘夫肇始，是以功令所在。八旗有不与试之士，而无不能射之人，入则含毫挟

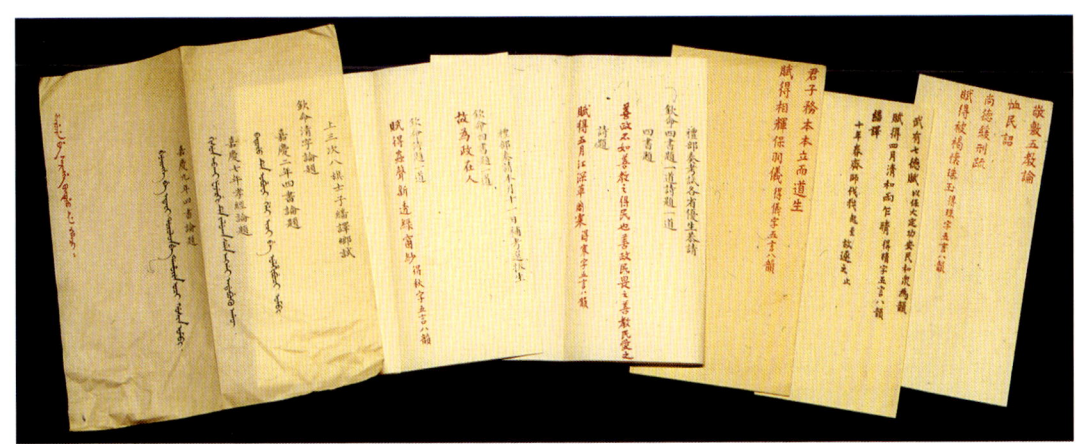

有满文的科举殿试试题（中国第一历史档案馆藏）

册，出而跃马弯弧，要者皆为有用之学。"同时，为了巩固统治地位，清朝统治者大力宣传儒家思想，尊孔读经，讲论经义，对八旗子弟要求"敦品行，习礼仪，胥于学校是赖"[①]。

清代学校主要有三种形式：一是政府开办的官学，二是民间举办的义学，三是书院。乾隆年间，八旗驻粤，广东的满族教育主要分为官学和义学。无论政府还是民间都很重视教育，特别是光绪年间废除科举制度后，民间办学更加兴盛。

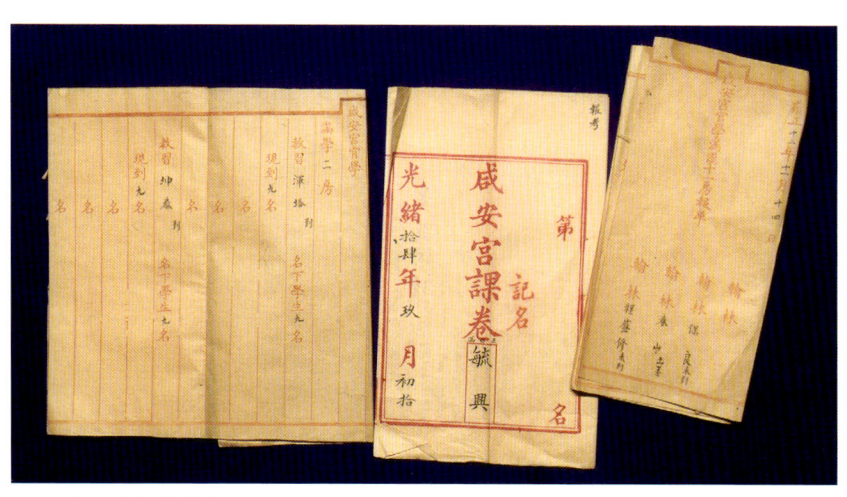

咸安宫官学课卷

八旗驻防广州后，原设有数处学房，但对满文学习的要求不高，既没有认真选择教习老师，也没有考核监督制度，导致学房有名无实。曾经有一段时间，八旗文书官员中竟没有一人能够直接用满文书写奏折文稿，通常都需要先拟好汉文草稿之后再翻译成满文，而写出的满文"因不得其意旨，遂致拘文牵义，多不妥协，纵斟酌再四，究未能意明词达"[②]。这种情况都是因为平时没有认真教习满文导致。

因此，乾隆三十七年（1772）时，两广总督兼署将军李侍尧经奏请乾隆帝批准，在广州设立满汉八旗左、右翼清书总官学，在每旗中挑选5名学生进入总官学学习。总官学的教习老师从八旗兵领催、前锋中挑选，必须擅长满语，协领负责监督检查，将军、副都统每隔一个月考核一次。左翼清书总官学原设于白麋巷，后迁往大利巷；右翼清书总官学原设于书同巷，后迁往西营巷。

驻粤八旗所设左翼清书总官学和右翼清书总官学中，左翼含东四旗，即镶黄旗、正白旗、镶白旗、正蓝旗，右翼含西四旗，即正黄旗、正红旗、镶红旗、镶蓝旗；同时，在每旗中又分别设立一处官学。

除总官学之外，驻粤八旗每旗还设立一处官学，从本旗内挑选熟悉满语者作为教习

---

① （清）鄂尔泰等修，李洵等点校：《八旗通志》卷64《学校志》，东北师范大学出版社1985年版，第895页。
② （清）长善等纂：《驻粤八旗志》，第99页。

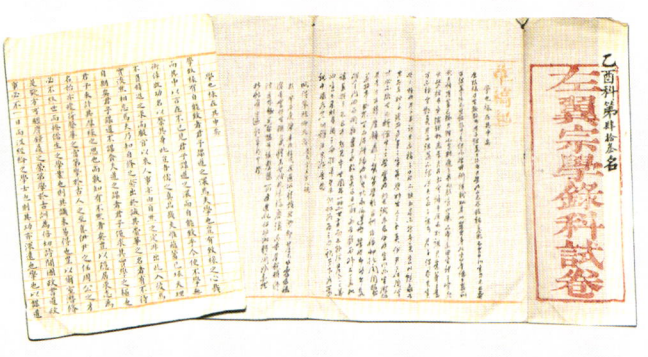 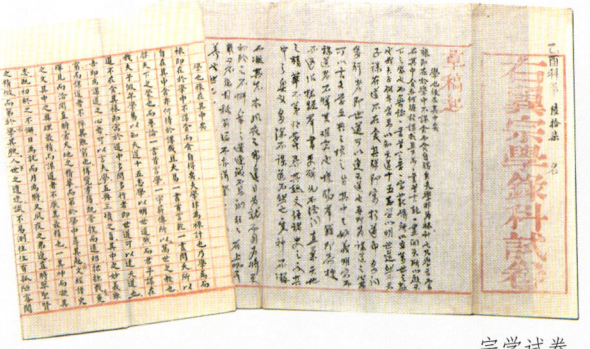 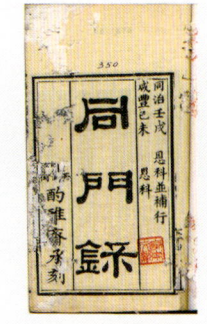

宗学试卷　　　　　　　　　　　　　广东乡试同门录

老师，本旗子弟都要入学学习满文，负责管理本旗的协领要挑选一名官员对满文学习进行监督检查。

义学是为民间贫寒子弟设立的一种免费的启蒙教育机构，始于宋代，到了清代已经在全国各地广泛开办，办学形式多样。清代义学以官办为主，同时还有民办、官民合办等形式。

嘉庆年间，根据廷议，广州满城满、汉八旗各创立义学一所，聘请民籍学行兼优者为师，肄业童生无定额；道光二十三年（1843），明令停止各驻防文试，遂将义学改为清书义学，专习满文翻译。[①] 同治时期，恢复驻防文试及广州满、汉八旗义学。广州的满、汉八旗义学分别设在大利巷和西营巷，经费由八旗提供。

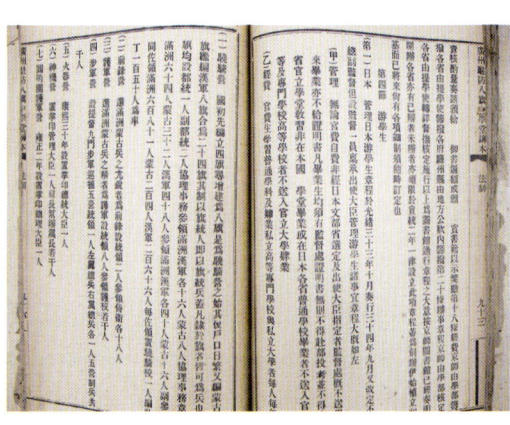

广州驻防八旗中学堂课本——《法制学》

登科报喜图

---

① 赵展：《满族文化与宗教研究》，辽宁民族出版社1993年版，第96页。

二、同文馆教育

洋务运动兴起后，清政府为培养翻译人才，在北京、上海、广州三地建立了同文馆。同治三年（1864），广州同文馆在汉八旗镶黄旗属地段朝天街（今朝天路朝天小学）开办，主要教习英语，兼学汉语、经史和算学。第一任英文教习为美国人谭训，第一任汉文教习为吴嘉善，第一期招收14—20岁的学生20人，其中满汉八旗子弟占80%，汉人世家子弟占20%，另收10名附学生。同文馆设提调1名，馆长2名，并设2名教习专司背书并随同训课，一名通事作为外籍教师的翻译及助教［光绪八年（1882），取消通事一职，在学生中挑选通晓西语者代替］。馆内经费由清政府拨付，学生也享有津贴。成绩优良的学生，毕业后可保送出国留学，或者留在当地做翻译。

随着中外关系的不断发展，涉外工作增多，同文馆扩大英语班至3个班，同时开设了

a. 同文馆师生合影
b. 同文馆的管理者与英文教师李知（左三）
c. 同文馆教员

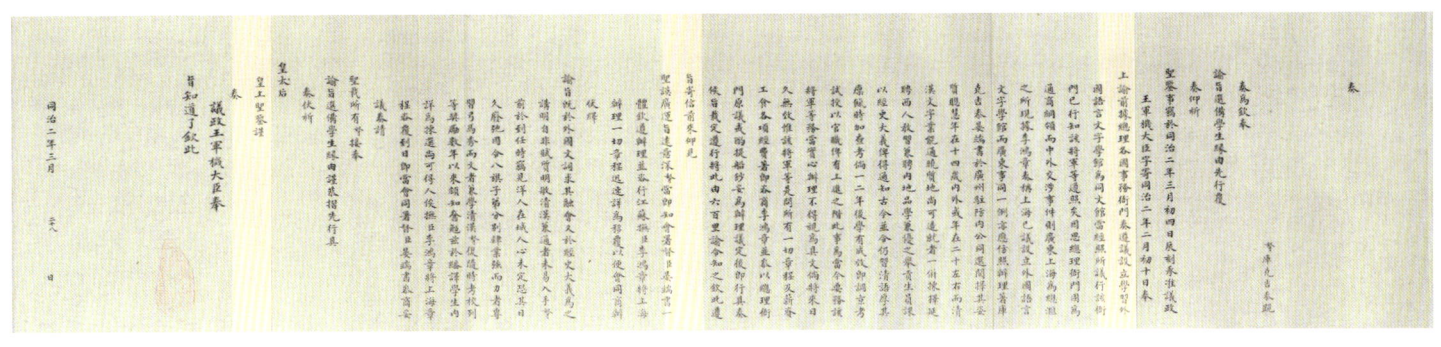

广州将军库克吉泰
奏请成立广东同文馆事折

法语、德语、日语、俄语班,在馆学生数增至百余人,学制由最初的3年增至8年。自此以后,广州同文馆基本上保持着稳步发展的趋势。直到光绪三十一年(1905),同文馆改为译学馆,后又改为两广方言学堂,馆址迁至西湖路,广州同文馆至此正式结束。

广州同文馆开办的40多年间,培养了一大批外语翻译人才,如满族子弟国栋、柏锐留学英国,柏山留学俄国,恩威、增培留学日本;贵仁、清安二人成为两广总督和广州将军的翻译官;首届学生左秉隆成为清政府驻英属新加坡的第一任总领事;傅柏山曾出任外交部署主事等。同文馆还翻译了不少国外政治、文化、教育、文学等方面的著作,如学生杨枢、长秀合译的《各国史略》等,对开阔国人视野、增广见闻有一定的启蒙价值。

a. 陈良玉著的《梅窝诗钞》书影(陈良玉,字朗山、铁禅,广州驻防汉军镶白旗人,清道光丁酉年举人,曾任同文馆总教习)
b. 陈良玉行楷八言联

三、新式学堂

（一）八旗子弟学堂

清光绪三十一年（1905），科举制度被废除，各地陆续开办新式学堂或学校。广州满族也筹办了两所初等小学堂，分别位于大市街五仙观和麻行街关帝庙，只招收满洲八旗子弟。不久，麻行街关帝庙的初等小学堂并入大市街五仙观小学堂。

光绪三十三年（1907），广州八旗又开办一所高等小学性质的子弟学堂，位于朝天街广州同文馆旧址，招收满、汉八旗子弟，学制为4年。后又增设了八旗中学，校址在光孝路书同巷。辛亥革命后，这几所子弟学校均改为公立学校。

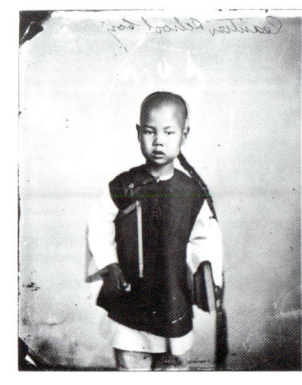

a. 清代男童蒙学
b. 清末广州学童
c. 清末广州学童一起读书的情景

（二）满族小学

抗日战争胜利后，广州满族失学儿童占学龄儿童的49.56%，比全市平均数还超出10%。为解决失学儿童读书问题，满族有识人士汪宗猷等人发起筹办满族子弟学校，广州满族镶红旗知识分子和热心教育人士在征得该旗各姓代表和宗祠管理人的同意后，于1946年6月，在位于现光塔路89号的满族镶红旗宗祠开办了广州市私立国光小学，汪宗猷出任首届校长。学校定名"国光"，取抗战胜利、国土重光之意，体现了满族人民的爱国精神。开办之初，国光小学采用六年制教学，每年级设一个班，共有教职员工8人，学生109人。1948年，学校自行筹款扩大校舍，教职员工增至12人，学生增至228人，其中满族学生占30%。广州解放后，国光小学得到政府的大力扶持。1952年，广州市教育局同意对国光小学在经费上予以补助，以吸收满族子弟；1954年11月，学校主动将校产全部献给政府，改为公办。从此，学校教职员工的待遇、满族学生收费标准均按公立学校办理，学校的管理及人事调派，由广州市北区人民政府领导。"1952学年度时，满

1956年5月26日，全国人大代表载涛（从前往后第二排居中）到国光小学视察，受到全校师生热烈欢迎

a | b

a. 1980年6月21日,时任中共广州市委副书记罗范群(右二)和越秀区委副书记葛祥经(右一)到广州市满族小学视察,听取学校领导汇报后,要求大家为办好民族教育而努力工作

b. 满族小学荣誉校长汪宗猷(前排右二)与副校长关洁梅(前排右三)及满族群众喜气洋洋地将奖牌挂在校门上

族学生比例增长到35%,学校设备亦较前完善,还增设了两个分教处及一个操场。"[①]到1956年,在该校就读的满族学生已有322人,占全校学生人数的64.15%,散居在广州的满族适龄儿童都已入学。1956年7月,广州市教育局接受学校及满族群众的意见,将广州国光小学改名为广州市满族小学。

广州市满族小学是全国首家以满族命名的学校,也是广东省唯一一所满族学校。改革开放以后,政府加大了对学校的投入,学校的占地面积和建筑面积进一步扩大。目前,学校有三个校区,分别位于光塔路、大德路与大德路象牙街,占地总面积7819平方米,建筑面积9577平方米,比原址校区扩大近7倍。其中,新校区占地面积3950平方米,建筑面积5571平方米,标准教室、大功能室、校史室、心理咨询室等教育教学设施一应俱全,民

---

① 汪宗猷主编:《广东满族史》,中国戏剧出版社2006年版,第86页。亦见广州市越秀区满族志编写组编:《越秀区满族志》(内部资料),1994年,第85页。

族特色浓郁，环境十分优雅。随着办学条件的改善，办学规模也不断扩大。在校学生超千人，其中满族学生占5%左右。

随着民族文化、民族团结教育进入校园，满族小学办出了自己的特色。1994年，被国务院授予全国民族团结进步模范单位称号；2016年，被教育部认定为全国校园足球推广学校；2019年，被教育部认定为全国青少年校园冰雪运动特色学校。

a	c
b	d

a. 广州市满族小学新校区
b. 广州市满族小学教学楼
c. 2012学年第一学期广州市满族小学开学典礼
d. 学校冰球队参加比赛现场

第四章 古迹寻根

一、历史建筑

自乾隆二十一年（1756）至今，满族已在广东繁衍生息了260余年，在羊城刻下了独特的历史印记。虽然随着时间的流逝和政权的更迭，许多与满族有关的遗迹已经无处探寻，但目前保留下来的建筑碑刻及历史资料还是为我们部分地还原了清代八旗驻粤时的珍贵画面。《广东满族史》中记载，清政府派遣的驻防官员从水路南下上任，抵粤时必由天字码头上岸。到达后至八旗会馆休息数日，后由八旗子弟及当地有关人员在接官亭迎接。欢迎仪式后，官员进城上任。驻粤八旗聚居于广州城内西隅，满、汉八旗各有驻地，满洲八旗官兵驻扎于今越秀区大德路以北、光塔路以南，东起解放中路，西至人民中路一带。因此，与满族有关的历史建筑多集中于这一带，如将军府、将军署、左都衙门、观音楼、镶红旗宗祠等。

（一）天字码头、接官亭

天字码头位于越秀区沿江中路和北京路交界的珠江堤岸，是目前广州使用时间最长的码头。关于天字

天字码头今貌

清末天字码头

码头的修建有两种说法，一种说法是建于清雍正年间（1723—1735），另一种说法是建于明代后期。相传在明成化初年，大埔县三河坝旧寨村水工李寿相，出资在广州老城外南面的一个沙洲岛（今太平沙位置，当时该岛南面是珠江，东西北三面均是宽阔的水道，水道直到民国时才最后淤积成陆）建了一个码头，名为天字码头。李寿相修建的天字码头位于今北京路与接官亭（今指街巷名）相交处以北。随着时间推移，泥沙淤积，太平沙岛南岸逐渐往南推移，两三百年后，珠江堤岸已南移至今接官亭以南。李寿相原修的码头显然已不能再使用。雍正七年（1729），官府在此处江岸重建码头，这座码头仅供官员使用，民船不得在此停泊，因其特殊地位而仍被称为天字码头。随着珠江北岸不断南移，天字码头也随之多次南迁重建，现在的码头早已不在当年的位置，但名字依然沿用。

为方便迎送官员，官府又在天字码头附近修建了日近亭和炮房等附属建筑。日近亭用于接待到广州上任的官员，官员卸任要离开广州时，也在此"恭请圣安"后登船起航，因此日近亭又被称为接官亭。码头南移后，接官亭一直没有变动，直到民国初期的《广州市图》仍有标注。后来为修建永汉南路，接官亭被拆除，而其所在街巷以亭名命名，称为接官亭巷，现在还保留其东段。

在接官亭东北侧设有炮房，用于存放迎送官员时鸣放的礼炮，民国后废弃。清代时，天字码头在广州城外，而布政司、广州府等众多官署，则在今中山路以北的北京路一带。新官上任，于天字码头登岸，早已在此等候的当地官员上前相迎，一时间鼓乐齐奏，礼炮轰鸣，罗伞如林，冠盖如云，热闹非常。经过一番仪式，新官先到接官亭稍事休息，然后排列仪仗，浩浩荡荡，北行过永清门（今北京路和万福路、泰康路相交处）入城。

a | b

a. 《番禺县志》所绘的日近亭（左下角）
b. 接官亭今貌

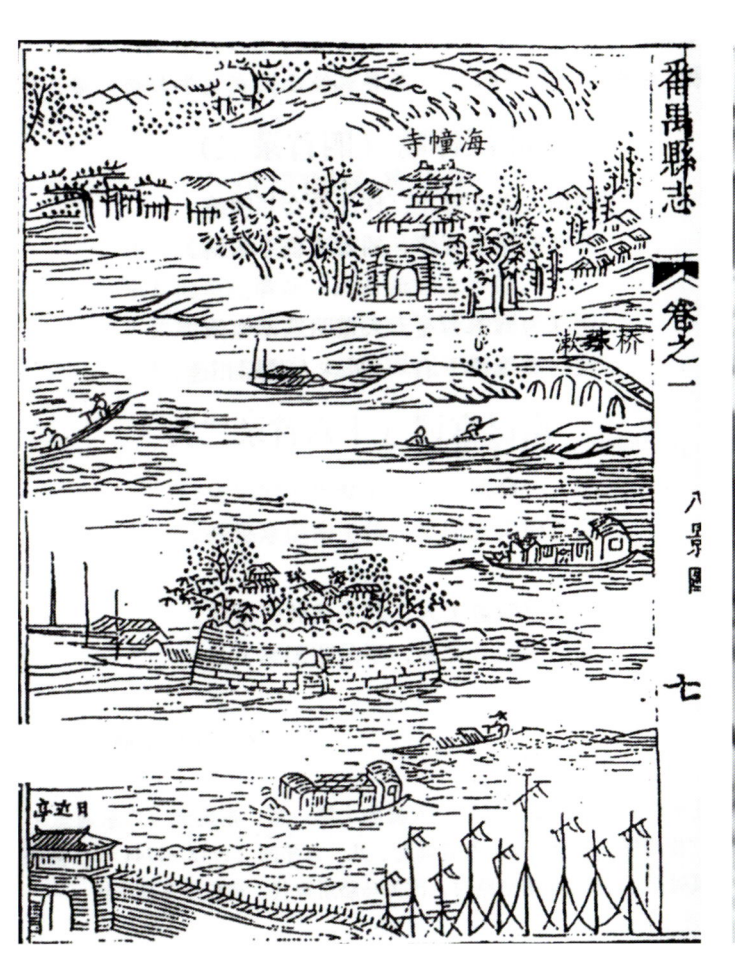

清代外销画中的接官亭

天字码头历史悠久，远近闻名，在广州近现代史上曾见证过许多轰动一时的重大事件。现在刻在天字码头大门两侧上方墙上的浮雕生动地展现了其中两件。一件是道光十九年（1839）3月10日，钦差大臣林则徐抵达广州奉旨查禁鸦片，在天字码头登岸，两广总督邓廷桢率领大小官员在接官亭恭候。这次迎接空前隆重，除了官员，老百姓也自发前来迎接，接官亭一带可谓人头攒动。另一幅浮雕记载的是1922年6月16日叶举（陈炯明部将）炮击越秀山总统府，孙中山乔装出走，在天字码头登上军舰一事。

（二）八旗会馆

八旗会馆位于今八旗二马路与德政南路交界处附近，在路旁有一块石碑，上面记载："八旗会馆位于八旗二马路北侧、德政南路东侧，清初为供驻粤八旗官员从水路来粤的暂居住所，后来成为水师旗营操场，最后成为供八旗同乡、同行聚会寄寓的会馆，称之为八旗会馆。"

关于八旗会馆的文字记载见于19世纪末粤海关税务司的洋人雷乐石撰写的《粤海关十年报告（1882—1941年）》："在广州共有23个会馆或同乡会，其中一个是旗人的会所……此旗人会所，经费来自募捐囊助，用地向当地申请拨予，拨予的地块以前曾是军营……"光绪三十三年（1907）由德国工程师舒乐测绘制作的中英文对照的《广东省城内外全图》中也明确标示出了"八旗会馆"。

a | b

a. 八旗二马路路牌
b. 八旗二马路小学

关于八旗会馆还有另一种说法，即八旗会馆其实应为开平粤局。开平粤局是北洋官督商办的开平矿务局派驻广州的负责管理南方业务的办事机构。当时，各种矿业及水泥、垦务的采办人员南下时，大都落脚于广州的开平粤局，也在这里聚会和洽商，这些人大都来自北方奉直地区（今华北、东北）。在广州本地人看来，奉直地区人和来自北方的驻粤满汉八旗官兵及家眷无论身材还是相貌都很接近，尤其是口音相同，于是认定开平粤局是"旗下佬"的地方，遂将此处误称为"八旗会馆"。

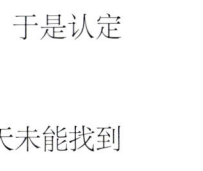

与八旗水师有关的地名

1929年6月，八旗会馆在一场突如其来的大火中被烧成一片废墟，以致今天未能找到八旗会馆的图片资料，会馆原貌从此不得而知。事后查知，大火是会馆附近的第三后方医院内的伤兵玩弄手榴弹失手，殃及军械库所致。

（三）水师旗营

水师旗营设立于乾隆十一年（1746），营地设于今海珠区凤凰岗，陆上操练场地位于今八旗二马路附近。这一带曾是驻粤八旗水师营的营房、练兵场和箭道，附近的水师后街、操场前、营房巷、箭道巷等地名均得名于此。在今珠光路新福直街15号附近曾立有一块石碑，上刻"水师旗营操场西北界"字样，由此可知水师旗营大致位置。

水师旗营操场西北界

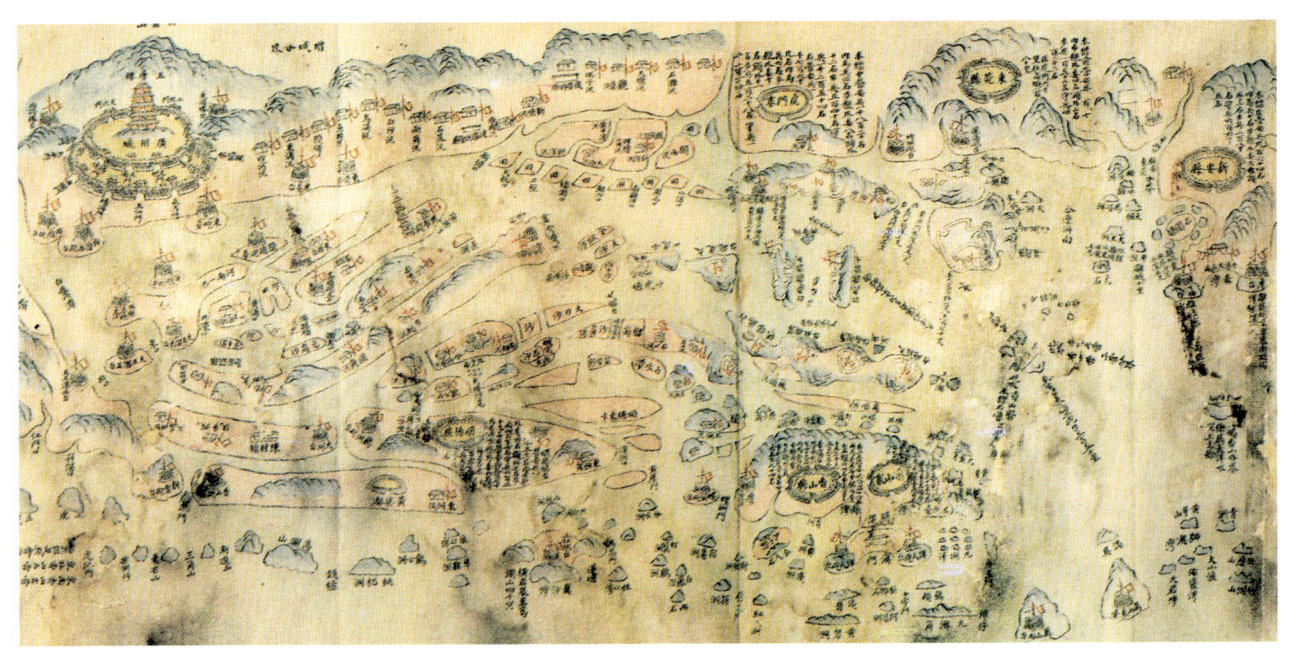

广东水师营官兵驻防图（局部）

水师战船（通草画）

据史料记载，八旗水师一般有官兵600余人，而战船不多，计有较大的缯艍船2条，每船可容官兵四五十人，桨船4条，每船二三十人，还有几条小艇，大小战船共14条。另有座船1条，长七丈五尺，宽一丈二尺五寸，大概就是"旗舰"了。这支水师部队日常就在珠江河上操练游泳、射击、爬桅杆等技艺；水师兵初期所用的武器还有藤牌与利刃，后来才有鸟枪和抬枪，均十分落后。大船上配置了生铁大炮、熟铁斑鸠炮各13尊，此外还有熟铁河塘炮6尊、熟铁砂15尊；而所驭战船全靠人力摇橹或风力为动力。这支部队，每年农历九月间都会前往虎门海面，与水师提督的绿营兵丁会操一次。其操练的阵式花样繁多，有双凤朝阳式、交插环攻式、凤凰展翅式、左龙右虎式、凯旋归队式等。但是，其操练过程也不过是各船变换位置，放置枪炮以壮军威而已，其实并无多大的实战价值。

（四）将军衙门

将军衙门位于清代广州城西，坐北朝南，大门面朝今中山六路，后墙背靠今迎宾路，东起今解放北路，西至六榕路，原中山六路将军东电器城往北至广东迎宾馆一带都在当时将军衙门的范围内。将军衙门是八旗驻防广州的最高军事领导机关。根据19世纪约翰·汤姆逊拍摄的老照片以及他在《中国与中国人影像》中的描述，将军衙门南面应该是将军署，即办公区域，而北面大约在今迎宾馆的位置则是将军府，是官员及家眷的私人住所。

将军衙门的前身是修建于明洪武六年（1373）的提督府行署。清顺治七年（1650），平南王尚可喜攻陷广州，占据明提督府，大兴土木，扩建楼台，营建平南王府。康熙二十年（1681），清政府平定"三藩之乱"后，改平南王府

19世纪70年代将军府前的石狮子

为将军衙门，作为广州将军的办公地点及住所。第二次鸦片战争后，英国强占将军衙门后院北角作为英领事馆，大约在现在迎宾馆内碧海楼、白云楼一带。此地被英国占据67年，直到1928年才收回。

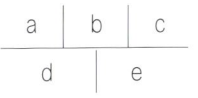

a. 将军府旧址今貌
b. 19世纪70年代将军府内景
c. 19世纪70年代将军府正门
d. 光绪二十一年（1895）将军府正门（美国国会图书馆藏）
e. 19世纪60年代将军府内的一座大殿

19世纪下半叶外国人镜头下的将军府后院

(五) 八旗宗祠

在满族人的生活中，原是没有"宗祠"观念的，清军入关定都北京后，只有少数上层贵族效仿汉人修建宗祠，普通满族人中一般不会兴建宗祠，他们通常只在家中供奉自己的祖先。满洲八旗在广州驻防后，受到岭南地区大兴宗祠的影响，设立了以"旗"为单位的满族宗祠。

满族宗祠虽然在形式上与汉人宗祠相似，但内部布置有所不同。满族宗祠以旗为单位，一个旗联合设一间，包括旗内的各个姓氏共同兴建和使用一间。每间宗祠都有三进深，三边过，在第三进内设有神龛三座，中座放着各姓祖先的牌位，同一姓氏的"落广祖"设一个牌位，每个牌位以旗谱形式，由上而下分别写上各代已故男丁的名字，均不写姓氏及其配偶的名字。左右两侧分别安放绝嗣单人的牌位。

据《广东满族史》记载，八旗宗祠的设立始于清嘉庆年间，一位名为和顺的正红旗佐领建议在西濠街设立宗祠，作为驻粤八旗子弟祭祀先人的场所，而后其余各旗纷纷模仿。至清道光年间，八旗在各自驻防区域内均设立了各自的宗祠，每间宗祠还设有一间

广州满洲镶红旗宗祠遗址揭牌仪式

佛寺，雇请和尚代管香火。八旗各宗祠的位置分别在大德路（镶黄旗）、麻行街（正白旗）、白薇街（正黄旗）、西濠街（正红旗）、大市街（镶白旗）、大利巷（正蓝旗）、光塔街（镶红旗）、白沙巷（镶蓝旗）。辛亥革命后很长一段时间里，虽有个别旗将宗祠房产变卖，但满族宗祠依然留存了一段时间。中华人民共和国成立后，仍保留了镶红旗、正红旗、正黄旗三间宗祠的房产。位于光塔路89号的镶红旗宗祠成了广州市满族小学的校舍。据满族同胞回忆，20世纪60年代初，他们在满族小学读书时，教室后面有一道幕帘，幕帘后供奉着祖先牌位，每年清明节和重阳节前后，都有族人来拜祭祖先。现如今，只有镶红旗宗祠尚有遗迹可查，其他7家满族宗祠都无从寻觅了。

（六）妙吉祥室（观音楼）

在今海珠中路与惠福西路交界处有一幢广州满族人称为"观音楼"的旧式骑楼，这里是广州市满族历史文化研究会的办公场所，也是广州市乃至广东省满族族胞的"家庙"。

妙吉祥室

传说清顺治年间，五世达赖进京朝觐，接受清政府的金印册封，当时五世达赖呈送的礼物中有一尊木雕鎏金观音坐像。乾隆年间，第一批满洲八旗官兵即将离京赴粤驻防时，乾隆皇帝将这尊观音像赐给他们，以祝吉祥。"他们背负观音像来到羊城驻防，在正红旗的驻地大市街（今惠福西路）原'梦觉庵'的南院（今观音楼）建造了'万善宫'，供奉观音像。"[①] 咸丰年间，观音楼更名为"万善禅院"，因地处正红旗驻防地段，由正红旗管理。辛亥革命后，观音楼属于八旗公产范围。1915年，主持观音楼香火的和尚借承投公产及国民政府清理庙宇之机，擅自办理转移手续，把观音楼产权据为己有。广州满族人诉诸法律，历经年余，最终广东法院将观音楼产权判归广州满族集体所有。1935年，部分热心满族人士发起捐款重修观音楼。在满族群众的支持下，观音楼重修落成，由原来的砖木结构跨街木楼改建为两层混凝土楼房，同时，更名为"妙吉祥室"。

为什么将观音楼命名为"妙吉祥室"呢？乾隆钦定的《满洲源流考》有这样的考证："以国书考之，满洲本作满珠。我朝光启东土，每岁西藏献丹书，皆称曼珠师利大皇

---

① 陈明：《观音楼与妙吉祥室》，载中国广州网，2010年11月11日。

《重修观音古楼改建妙吉祥室记》

帝。曼珠,华言妙吉祥也。"清顺治九年(1652),五世达赖喇嘛进京觐见时所献丹书中的"曼珠"与"满珠"同音,汉语译为"妙吉祥",即满洲之意。因此,"妙吉祥"一词,其实是满族的别称。辛亥革命后,有些满人不敢承认自己是满族,以"妙吉祥室"来冠名观音楼,可见其良苦用心。

(七)满族坟场

广州满族坟场坐落于白云山脚下的麓景路,是全国唯一的满族专用坟场。坟场正门门楼上刻有金宝森所提满文,坟场内建有一座大碑,正面用满文写着"广州满族坟场",背面镶有石刻碑记。坟场坐西南朝东北,内设思远亭、怀祖亭、风雨廊等建筑。

广州满族坟场门楼

根据《驻粤八旗志》记载,清代驻粤八旗茔地在大东门外蟠松岭、驷马岗、官路、东碑亭、西碑亭五大段,计地89亩。竖立四处界石,永为八旗安葬之所。乾隆二十一年(1756),署理广州将军李侍尧曾在东郊番禺县属蟠松岭一带建立八旗茔地,但因地处偏僻又无设施,逐渐荒废。而大部分广州满族人习惯将先人遗骸葬于大、小北郊,尤其是小北郊一带的山冈。至1955年,因市政建设需要,政府陆续征用小北郊一带山冈,另划拨杉篢岗(今麓景路一带)建设"广州满族坟场"。在广州满族抗美援朝支会的组织和带领下,满族群众进行集体迁坟。此后,满族老人去世后,也葬于广州满族坟场,港澳台及海外满族

1953年广州满族坟场初建时的纪念碑

族胞也有带回先人骨灰葬入坟场,因此,满族坟场使用面积不断增大。据统计,至1990年坟场面积已达到1.3万多平方米,共有坟墓1743穴,比1955年初建时扩大了4.4倍。

二、杰出代表

(一)舒宗鎏

舒宗鎏(1894—1976),字勉斋,祖隶满洲镶红旗,满姓舒穆禄氏。父亲舒裕厚曾任驻粤八旗防御,后弃官办学,支持辛亥革命。舒宗鎏自幼受家庭熏陶,心怀大志,支持改革。17岁时,他考入广东水师鱼雷学堂(即后来的黄埔海军学校)。辛亥革命爆发后,舒宗鎏随父奔走革命,推动了广东顺利和平易帜,成立共和政体。

舒宗鎏参加护法运动时,深得孙中山的信任。他遵照孙中山密令改组海军,讨伐陈炯明,同时策动江防舰队起义,先后被晋升为海军学校教官、舰长、海军陆战队支队司令、国民党海军特别党部常委等要职。

1926年7月,国民革命军正式出师北伐。舒宗鎏时任"民生"舰舰长,驻防汕头港口,后调任"飞鹰"舰舰长,直接参加国民革命。四一二反革命政变后,汕头总工会负责人和共产党员、革命群众遭到迫害,舒宗鎏将处于危难中的农民运动领袖彭湃秘密转移到"民生"舰,并将他安全护送到香港,保存了革命力量。

1929年舒宗鎏任全国军事编遣会议海军编遣委员。1931年，出任第一集团军海军司令。1933年，任军事委员会高级参谋，同年11月，参加"福建事变"。

抗日战争全面爆发后，舒宗鎏担任第四路军参事，在虎门要塞与日舰激战中发挥了重大作用。1938年10月广州沦陷，舒宗鎏与蔡廷锴等在广东肇庆招集国民党陆、海军残部，防守西江，坚持抗日。

1940年，舒宗鎏出任军事委员会桂林办公厅第二处处长，后任军事参议院参议等职。在国民党非法拘押叶挺将军期间，舒宗鎏给予照顾和保护，并用飞机护送叶挺安全抵达重庆。

抗战胜利后，舒宗鎏回到重庆，与李济深一起联络民主人士商议制止蒋介石的内战阴谋。全面内战爆发后，李济深和舒宗鎏在香港组建"中国国民党革命委员会"，舒宗鎏任中央监察委员会常委兼秘书长，广泛联络共产党、各民主党派和知名人士商议国事，同时筹款创办《文汇报》。

1954年初，舒宗鎏回到内地，被周恩来总理任命为国务院参事。舒宗鎏对中华人民共和国的统战工作等积极建言献策，作出很大贡献。舒宗鎏一生的革命精神和光辉业绩，受到了党和人民的高度尊敬，被誉为"海内外有影响的民主革命者、有一定威望的海军将领、赤诚的爱国者"。

a. 年轻时的舒宗鎏
b. 任国务院参事时的舒宗鎏（摄于20世纪60年代）
c. 国务院颁给舒宗鎏的《任命书》

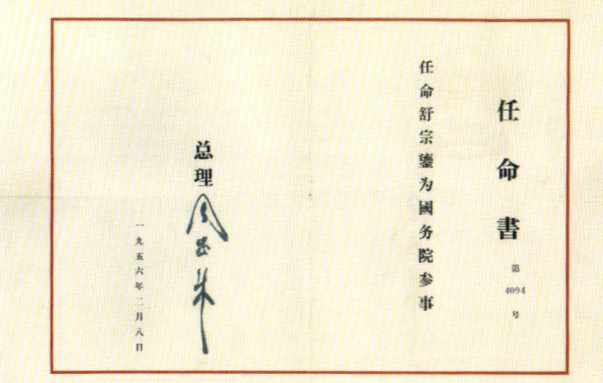

（二）傅祥康、傅星垣兄弟

傅祥康，字寿农，广东满洲镶白旗人，满姓富察氏。清代镶白旗傅氏家族是有名望的家族，傅家子弟共有26人担任过八旗官员。傅祥康高祖松福于乾隆三十年（1765）来粤驻防，任驻粤八旗副都统。傅祥康的父亲伊勒哈春为记名副都统、花翎协领、武举人。傅祥康在清光绪十四年（1888）为举贡生员，任职旗内。清宣统二年（1910）任吏部主事，为人开明，有变革思想。革命运动在广东蓬勃发展时，傅祥康顺应时势，以行动支持，希望能拯救八旗子弟于水深火热中。武昌起义后，广州革命形势处于一触即发之际，傅祥康等9人作为八旗代表，与省城各大团体代表积极商讨维持社会秩序，并以满洲八旗代表身份，会同革命党代表和汉军代表，积极推动广东和平易帜。辛亥革命以后，广州的旗人生活困难，傅祥康亦甚为关心族人的生计问题，常为此四处奔走，研究解决办法。

满族名医傅星垣

傅星垣，原名祥聚，广东满洲镶白旗人，满姓富察氏，兄弟中排行第五，16岁时开始学习中医，立志行医济世。20世纪20年代，设医馆于广州市龙津路洞神坊。傅星垣擅长治疗瘟病、伤寒病，医术高明、乐于行善，不仅为孙科、陈济棠等政要治病，也常为普通民众诊治。1915年，主持观音楼香火的作禅和尚伪造买卖契约，将观音楼产权变为其私人所有，引起广州满族人的公愤。傅星垣领头与张灵川等满族族胞诉诸法律，经历年余，广东法院终将观音楼产权判归广州满族集体所有。

（三）汪宗猷

汪宗猷（1919—2009），祖隶满洲镶红旗，满姓完颜氏。1946年，他创办满族学校——广州市私立国光小学（1954年更名为广州国光小学，1956年又更名为广州市满族小学），专门招收当地满族同胞的子女，并担任校长20余年。中华人民共和国成立初期，为了给这所小学正名，他还在广东省第一届民族工作会议上，提出了"确认国光小学民族学校"的建议，引起了政府主管部门的重视。1954年11月，征得广大满族同胞的同意，把这所学校的校产献给了国家，使国光小学由私立改为公办。1956年，"国光小学"改名为"广州市满族小学"。1966年3月，他发动满族镶红旗族胞无偿捐出位于光塔路89号的宗祠房产，支持扩建满族小学校舍之用。1986年，汪宗猷退居二线，改任名誉校长，但他退而不休，依然任教到1996年。汪宗猷先生从教50多个春秋，忠诚于教育事业，将其大半生都奉献给了满族小学教育事业。

汪宗猷

汪宗猷不但热衷于发展民族教育事业，而且还积极推动民族活动的开展和民族历史文化的研究。1953年，他负责组建广州满族抗美援朝支会，任主任委员，后又任广州市满族文化室主任。1984年9月，他创办了全国第一个满族联谊会（后更名为广州市满族历史文化研究会），自任会长，带领满族族胞搜集研究与满族相关的资料和物品，坚持了十多年，先后主编出版了《越秀区满族志》《广州满族简史》《广东满族志》《广东满族史》《广东满族研究资料汇集》《满族通讯》《粤剧表演艺术家郎筠玉》《在改革开放中的广州满族》《广州满族》《民族与教育》等著作。汪宗猷从事民族工作50多年，热心民族团结进步事业，对民族工作兢兢业业，无私奉献，为广州市民族团结进步事业作出了突出的贡献。1981年获中共广州市委授予"广州市知名人士"称号，1983年获广东省政府授予"民族团结先进个人"称号，1988年获国务院授予"全国民族团结进步先进个人"荣誉称号，1990年再次获国家民委授予"全国民族团结进步先进个人"荣誉称号。曾任广州市第二届人大代表，广州市第五届政协常委。

汪宗猷获颁"广州满族研究的开拓者"称号

（四）郎筠玉

郎筠玉（1919—2010），女，满姓钮祜禄氏，驻粤满洲八旗镶红旗后裔。著名粤剧表演艺术家，国家一级演员。郎筠玉七八岁开始学艺，练成了唱、念、做、打一身真功夫，13岁登台表演。在半个多世纪的艺术生涯中，曾主演《花木兰》《白毛女》《小二黑结婚》《仕林祭塔》等经典剧目，塑造了一批栩栩如生的人物形象。1952年

郎筠玉剧照

参加第一届全国戏曲汇演,在《平贵别窑》一剧中饰演王宝钏,获得表演艺术一等奖。她多才多艺,戏路宽广,唱功造诣深厚,子喉、平喉、大喉的运用均有独到之处。郎筠玉是中共党员,一生热爱党,热爱社会主义祖国,热爱粤剧艺术,为发展粤剧事业作出了卓越的贡献。2002年,广东省人民政府为表彰她在艺术上取得的成就,给她颁发了"粤剧艺术突出成就奖"。郎筠玉先后任广东省、广州市人大代表,广东省政协常委以及省、市妇联代表、执委,市儿童福利会理事,广东粤剧院艺术顾问。曾多次被评为粤剧先进工作者。全国性的《满族大辞典》以条目形式载入了她的事迹。郎筠玉驰骋粤剧舞台50余载,1988年1月2日,在广东省首届民间艺术欢乐节上,年近七旬的她抱病出演《六国大封相》,因脑出血不幸晕倒在舞台上,从此一病不起,不得不永远离开了她心爱的舞台。郎筠玉为弘扬民族文化,继承和发展粤剧艺术奉献了毕生精力。她所演绎的经典作品为粤剧艺术留下了宝贵的财富。

(五)傅祖植

傅祖植(1938—2014),满姓富察氏。主任医师、教授、博士生导师、博士后及CMB国内访问学者导师,国内外著名内分泌科专家,享受政府特殊津贴。1961年,于中山医学院医疗系本科毕业,留校在附属第二医院工作。1964年起,重点在内分泌、代谢病专业从事医疗、医学教育和研究工作。1982年9月至1984年2月,在美国密歇根大学研修博士后。作为科研人员,他较早在国内开展中国人肥胖基因CDNA克隆、序列测定和人肥胖基因原核表达体系的构建,他承担并完成了多项国家自然科学基金、卫生部基金、国家教委博士点基金、广东省科委科学基金等课题;作为教师,他桃李满天下,为国家培养了一批博士、博士后及CMB访问学者;作为医生,他擅长内分泌、代谢病的诊断和治疗,尤其对糖尿病及甲状腺疾病的诊疗闻名遐迩。他积极参加国内外学术交流,多次主持重大学术会议并作学术报告。多次参加美国糖尿病协会(ADA)、欧洲糖尿病研究协会(EASD)及国际糖尿病联盟(IDF)科学大会。到过美国、瑞典、芬兰、西班牙、以色列、澳大利亚等国参加国际学术会议。1991年,在美国华盛顿DC、IDF会议及2000年以色列EASD会议上做学术报告,论文受到好评,并多次被外国学者引用。他曾任职中山二院副院长、中山医科大学副校长,曾先后任《中华内分泌代谢杂志》副总编辑,全国糖尿病学会副主任委员,广东省糖尿病防治研究中心主任,华南生物科学与技术研究中心副

傅祖植

主任，全国内分泌学会常委，广东省内分泌学会副主委、主委。傅祖植一生获得很多荣誉，多次立功受奖。1995年入选国家科委编辑出版的《中国科技名人录》。2013年他获得了中华医学会内分泌学分会的终身成就奖。

（六）童志成

童志成（1941—2020），满姓佟佳氏，中共党员，全国劳动模范。童志成于1959年11月参加工作，从学徒到总经理，是中国乃至世界乐器制造业的"传奇人物"。他曾任广州钢琴厂调音技师、维修服务部负责人、外贸经营科科长，澳门钢琴厂企业有限公司总经理，广州珠江钢琴工业公司副经理、党委书记兼经理，广州市第二轻工业局副局长兼珠江钢琴公司党委书记、经理，广州二轻集团（控股）有限公司董事副总经理兼珠江钢琴公司党委书记、经理，广州珠江钢琴集团有限公司党委书记、董事长兼总经理。他是高级政工师、高级调律师，还曾担任中国乐器协会副理事长、广东省乐器协会理事长、广州市乐器学会会长。先后被授予"广州市劳动模范""广东省劳动模范""全国劳动模范""创业企业家""全国质量管理先进工作者""全国公益之星"等荣誉，获颁发"庆祝中华人民共和国成立70周年"纪念章。改革开放以来，童志成带领珠江钢琴集团全体员工锐意改革，开拓创新，挑战世界一流钢琴产品，提出"雄踞中国，冲出亚洲，走向世界"的战略目标，企业不断提高产品质量、人才素质和经济效益。在改革开放的大潮中，珠江钢琴集团不断发展壮大。到2007年他退休之前，珠江钢琴集团的钢琴出口到80多个国家和地区，仅2004年出口到美国的就近万架，约占美国15%的市场份额，使珠江钢琴在国际市场占有一席之地。企业也获得全国和省、市的很多荣誉，被誉为"国企的一面旗帜"。童志成作为珠江钢琴集团的带头人，把毕生心血和精力奉献给了祖国的钢琴事业，受到当时中央领导同志的充分肯定，说他具有非常"可贵的敬业精神"。同时他也以骄人的成绩得到国内乐器同行的高度赞赏，为珠江钢琴集团的成长和快速发展奠定了坚实的基础，为推动中国钢琴产业发展作出不可磨灭的贡献。

童志成

三、家谱族谱

满族自古以来就是一个很重视"立谱"的民族。满族家谱的发展历程，可以从满文创制前无文字时期的"子孙绳"算起，至努尔哈赤命额尔德尼等人创制满文后，家谱

广东满族姓氏录

原姓	汉字姓	原姓	汉字姓	原姓	汉字姓	原姓	汉字姓
瓜尔佳	关	扎库塔 颜扎 张佳	张	乌苏哩 武佳	武	哈齐哩	韩
钮钴禄	郎（换姓：杨、林、邵）	郭洛罗 郭奔	郭	培佳	裴	萨克达	仓
舒穆禄	舒	黄佳	黄	徐吉 徐徐禄	徐	梅佳	梅
董鄂	董	库雅拉 胡佳	胡	洪额奇 洪乌	洪（换姓关）	陈佳	陈
赫舍里 辉 和 勒	何	李佳 伊拉哩	李	白尔记吉特 白勒 拜家	白	徒萨	徒
他塔喇	唐	朱舍哩 乌苏	朱	尼玛哈	俞、于	宏佳	宏
西林觉罗 鄂吉 鄂佳	鄂（换姓：岳、陈、黄、李）	尼察 杨颜 杨佳	杨	文扎 文察	文	惠何	惠
伊尔根觉罗 阿哈觉罗	赵	章佳	章	舒摩哩	石	沈佳	沈
爱新觉罗 金佳	金	宁古塔 刘佳	刘	呢玛产 余胡鲁	余	索觉罗	索
马佳	马	苏穆鲁 苏佳	苏	万琉哈 万佳	万	希塔腊	希
佟佳 佟伊	佟（换姓：俞、童）	阿克占	雷	沙拉	沙（换姓：程）	英佳	英
那木都鲁	南（换姓：凌）	伊克得哩 伊图玛 伊佳	伊	锁吉	锁（换姓：金、关）	钟佳	钟
那拉 纳喇	那（换姓：罗、何、张、陈）	陶佳 那图拉	陶	邓佳	邓	林佳	林
富察	富、傅	墨尔迪勒 孟佳	孟	吕佳	吕	邵佳 乌雅	邵
完颜	汪、王	乌灵阿 蔡佳	蔡	顾佳	顾	梁佳	梁
兀扎喇 乌扎拉 乌苏鲁	吴			麦佳	麦	叶佳	叶
				扎思胡哩	贾	颜佳	颜
						周佳	周
						高佳 乌尔哈太把巴约特	高
						鄂托	曹

说明：①表内所列"原姓"是满文原来姓氏的译音；"汉字姓"即将满文姓冠以汉字姓的姓氏；"换姓"是部分满族人将少见的汉字姓换成常见的汉字姓。
②以上姓氏资料统计时间截至于1993年。

广东满族姓氏录

发展到文字谱的雏形，也就是记写"档子"。清军入关后，受汉文化影响，逐渐形成以满文、汉文或满汉结合的文字家谱。因在八旗制度中，个人的身份地位和官职承袭都以家谱为凭证，所以清代满族几乎家家修谱。

满族家谱一般分为两种形式，即"谱书"和"谱单"。谱书是编纂成册的，内容比较丰富，包括谱序、家法家规、祭祀规则、人物传、大事记等。谱单一般只记载宗族中本支世系或后裔名单。

满族珍视家谱，对家谱的收藏和管理也非常慎重。家谱通常供奉于家中西墙"祖宗板"之上，以谱匣盛之。每逢年节，西炕柜箱上供奉香火、酒菜。家人聚齐后，一家之长洗手焚香，从西墙上方的"祖宗板"上捧下家谱谱匣，揭去覆盖在谱匣上的红布，打开谱匣，取出家谱，俗称"请谱"。然后高悬家谱，家人瞻拜，俗称"晾谱"。接下来，家人按辈分先后分别叩拜，或按辈分排列，同时跪在地上行叩拜大礼，俗称"拜谱"。礼毕，由家中文笔好的"秀才""续谱"，用黑色将去世的家人名字勾去，新生的子孙名字则用红砂填写上。修谱完毕，家长进行"族教"，向家人讲述家族的历史，进行家风、家规教育。最后，将家谱放回谱匣，焚香叩拜后，重新放置在西墙"祖宗板"上。

据汪宗猷老人在所著书籍中回忆，驻粤满洲八旗多以"落广祖"为起点，按本族风俗习惯及先人事迹修有旗谱、家谱。但因年代久远，世事变迁，大都散失无存。及至抗日战争胜利，在镶红旗宗祠旧址上创立了满族子弟学校后，满族镶红旗管理小组着手重修旗谱，主要是以原供奉在镶红旗宗祠的各姓神位牌为依据，加以修改补充完善。后因各种原因，资料尽毁，神位牌亦遭破坏。

现广州市满族历史文化研究会仅存六本满族族胞赠送的家谱，分别是印刷本《广东满族傅氏家谱》、手抄本旧式《关姓族谱》、复印本《关氏族谱》、抄写本《瓜尔佳氏驻防第一代家谱》、重编《满族镶红旗完颜氏汪家家谱》、手抄本《舒氏族谱》。

2014年出版的《新编满族大辞典》中记录了三部广州乃至广东的满族家谱：《广东满族傅氏家谱》《广州满洲正蓝旗佟家家谱》和《广州文察哈喇家谱》。

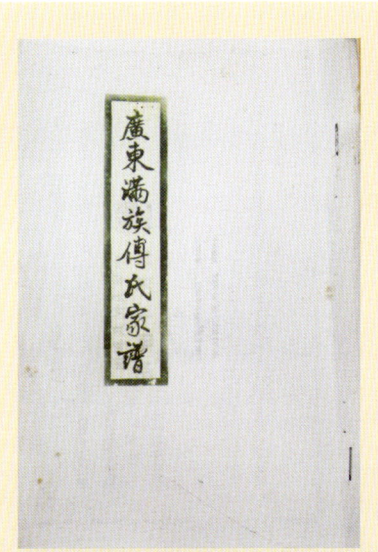 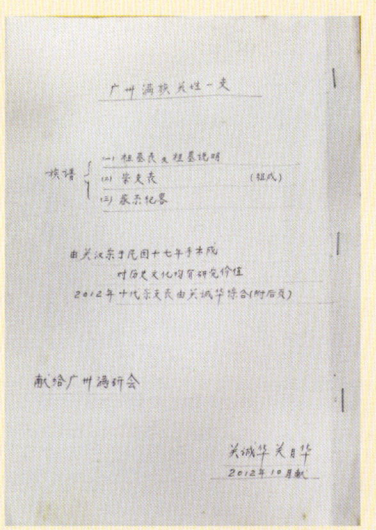 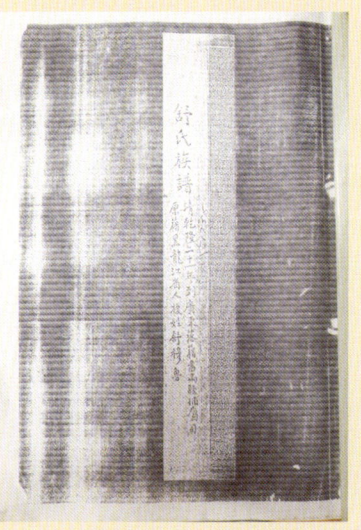
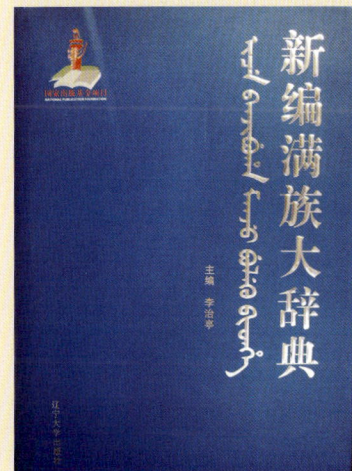 

a	b	c
d	e	

a.《广东满族傅氏家谱》
b. 手抄本旧式《关姓族谱》
c.《舒氏族谱》
d.《新编满族大辞典》封面
e.《新编满族大辞典》第十卷《满族谱牒》

第五章 民俗风韵

一、宗教信仰

（一）萨满教

说到满族，不能不提萨满教，满族民众在离开东北之前一直以信奉萨满教为主。

萨满教是古代北方少数民族普遍信仰的一种宗教，产生于母系氏族社会的繁荣时期。萨满教相信万物有灵，人世间的一切都由神灵主宰。主持萨满教仪式的人被称为萨满。人们认为萨满可通神灵，能将人的祈求转达给神灵，也能将神的意志传达给人。

与东北满族先民相比，广东满族对于萨满教的信仰有很大不同。汪宗猷在《广东满族史》一书中提到："驻粤满族人……虽仍保留着一些萨满教的历史痕迹，例如一般都信奉'神'，每家都安有各种的神……在祭祀中，还有'耍大钹'及当着祖宗神牌位宰猪之举……这些都是受到萨满教的影响所致，但对萨满教绝不是一种信仰。"事实上，中华人民共和国成立后，萨满在东北地区也已不是一种宗教，只是一种祭祀活动，而满洲八旗驻粤260多年来，关

萨满

于萨满教信仰的文字或图片记载都很少见到，也没有萨满祭祀活动。

（二）观音信仰

广州满族人虽无特定和统一的宗教信仰，但一般多是信神和信佛的，特别是崇拜观音菩萨。本书第四章提到过，广州满族都认为，在驻粤满洲八旗离京时，乾隆皇帝钦赐了木质观音佛像一尊，八旗官兵到粤后，将观音像供奉于"观音楼"（今妙吉祥室），称之为"圣观音"。广州满族对于观音菩萨的信仰是根深蒂固的，在相当长一段时间里，观音楼一直是满族的香火庙，每逢观音诞，满族信众都到观音楼拜观音，香火很旺，还曾请僧人坐坛讲经。直到中华人民共和国成立前，还有广州满族民众到观音楼供奉香火。此后在特殊年代曾一度中断。改革开放后，满族群众对修复观音楼十分关心。20世纪90年代中期，满族同胞罗卫国送给广州观音楼一尊高90厘米、底座45厘米，像后还有一个光环的古铜色铜质观音像，安放在妙吉祥室原神座上，以作纪念。全国满族知名人士也纷纷向观音楼赠予诗词墨宝，其中以傅杰所书的"增强民族团结"条幅最为珍贵。

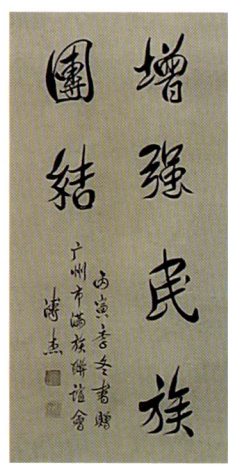
傅杰所书"增强民族团结"书法作品

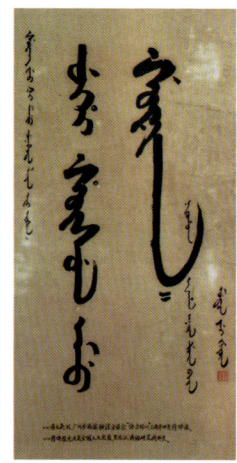
穆晔骏所书"协力同心"书法作品

一位满族学者对广州世居满族的信仰变迁做过研究，认为"广州满族对广州本土神祇都很尊重，但是他们对观音的信仰远比汉人虔诚"，"信仰观音已成为广州世居满族的精神纽带和特征之一"[①]。直到现在，广州满族对观音的信仰依然没有减弱，虽然已没有集体祭拜仪式，但许多满族群众在家中都会供奉观音像。一般而言，广州满族人在节日时上香，有节令也拜，儿女回来先给观音像和祖宗牌位上香，每年农历二月十九和十一月十九观音诞，许多满族人都到六榕寺听讲经，和其他人一起拜。

（三）祖先崇拜

1."祖宗袋"

"祖宗袋"是广东满族家庭中纪念先人的一种重要物品，通常用红布或黄布缝制，悬挂于正厅西面墙上，里面装有据说是"落广祖"从东北老

汪宗猷先生家里的"祖宗袋"

---

① 关溪莹：《从女神崇拜到观音信仰——广州世居满族文化重建过程中的信仰变迁》，《宗教学研究》2006年第1期。

家带来的纪念物或先人的遗物，比如汤匙、筷子、稻谷、弓箭模型、衣物等物品。"祖宗袋"由长房子孙承接保管，每年除夕，全家吃完年夜饭后，各房子孙集中在一起，向"祖宗袋"叩拜，表示对祖宗的怀念。

2. 春秋二祭

每年清明和重阳节前夕，驻粤满洲八旗子弟分别集中于各旗宗祠举行祭祖仪式，后则更注重春祭。

春祭，又称"祭祖"，是广东满族集体祭拜先人的富有民族特色的仪式。清明前夕某一天，入夜后，各姓子孙盛装前往宗祠。祭祀仪式于深夜12时开始，宗祠长主持仪式，参加祭祀的男丁按照辈分顺序，依次进香叩头。辛亥革命后，叩头礼改为鞠躬礼。祭祀仪式还包括僧人诵经祈福、表演"耍大钹"等，然后在宗祠天阶当着先人牌位宰猪，将猪肉按男丁人数分发，俗称"分胙肉"。如今，宗祠不复存在，春秋二祭则在广州满族坟场进行，但集体祭拜较少采用，主要是各家祭拜自家的先人。

a | b | c

a. 祭祖用的祖宗画像
b. 广州满族祖先像
c. 广州满族祖妣像

二、居室宅院

（一）满洲屋

满族传统民居的特点是"口袋房，卍（万）字炕，烟囱出在地面上"[1]。

聚族而居的满族往往建四合院，院内北、东、西三面建房，坐北朝南的屋子称为"正房"，东、西两面的屋子称为"厢房"，南面围上砖石院墙，建一座门楼，也有在门楼两侧各建一间屋子，称为"倒座"。满族房屋往往取单不取双，正房和厢房通常各建三至五间。正房也称"堂屋"，居中开门，中间屋为"外屋"，两侧设灶，作厨房用；西屋为上屋，由家中辈分最尊者居住，也有的四合院西屋不住人，用

广州现存的满洲大屋正门，位于越秀区白薇街

于供奉祖宗神位；东屋一般由晚辈居住。东、西厢房也住晚辈，"倒座"可住雇工。

受传统萨满文化影响，满族民众将太阳落山的方位——西方视为永生的象征符号，反映到满族居住习俗中即"以西为贵"。家中的西屋、西墙、西炕都是尊贵所在。西屋由长者居住，西墙供奉祖宗神位，西炕则不允许普通人靠坐，只有"通天"的萨满在祭祀时才可在西炕进食。

根据《广东满族史》对广州满族住宅的介绍，广州的满族大屋与北方满族住宅有所不同。广州的满洲屋"多是'三进深，三边过'，头进是厅房（俗称门官厅），屏风后面连着大厅，接着是天井（阶）；二进是神厅和神后房，接着又是天井（阶）；三进是房间，最后则是小院子。除正间外，两边还有房间"。

（二）满洲窗

在广州的骑楼建筑和茶楼酒家，经常能见到色彩斑斓的窗户，广州人称之为"满洲窗"。乾隆年间，满洲驻防官员到广州后，为寄托思乡之情，在建筑墙壁上镶嵌了一扇扇

---

[1] 张佳生主编：《中国满族通论》，辽宁民族出版社2005年版，第209页。

各式满洲窗

具有浓郁满族风格的窗棂。到了晚清时期,随着广州对外贸易的扩大及传教士的影响,岭南建筑开始使用彩色玻璃。在传统木框架上镶嵌各种形状的套色玻璃蚀刻画制作而成的广式满洲窗,受到当地官员、富商的欢迎。辛亥革命后,彩色玻璃大量传入广州,满洲窗的使用也变得更为普遍。传统的满洲窗格与西方彩色玻璃相融合的满洲窗可以说是中西文化结合的产物,也是极具岭南特色的房屋装饰。

(三)家具

康熙、雍正、乾隆三朝的家具代表了清代家具制作的最高水平,这一时期也是清式家具的鼎盛时期。当时社会逐步稳定,经济走向繁荣,加上西方文艺复兴后兴起的巴洛克和洛可可艺术风格传入中国，一种以精雕细琢、华丽雍容装饰造型为主导的审美观念得到提倡。于是在中国传统的家具工艺上糅合西方的造型、雕刻与装饰艺术手段，又改变了家具的尺寸，形成了风格华丽、重装饰的清式家具。

在广州满族人眼中，最具代表性的满族家具应该算满族风格大床。床身宽大，床四周装有床架，床架上刻有精美的花纹，正面左右两旁安有两扇小衬门，床前配有踏脚凳，最特别的是床脚有六个脚，寓意"六六大顺"。此外，满族风格大柜和梳妆台也是现今仍能见到实物的具有满族特色的家具。

广州满族风格大床

三、服饰饮食

（一）服装

满族先民长期生活在东北广袤大地上，以渔猎和采集作为主要生活方式，自然环境和生活条件决定了满族服饰的用料和款式。广州满族在驻粤期间，与当地民族之间有了文化交融，在服饰上逐步产生了变化，但在很长一段时间里，还是保留了一定的民族特色，且依然保持着女装与男装、已婚与未婚、民装与官服的区别。

满族男子的传统服饰是长袍马褂，头戴圆顶帽，下穿套裤，袖子较窄，袖口附有马蹄状护袖，盖在手背上，称为箭袖。箭袖既可防寒，又可防手背受伤，利于骑射。后随着满族人逐渐脱离骑射，箭袖已成装饰，平时多卷起，在拜见上司、叩见长辈时必须先左后右放下箭袖再行礼，以示尊敬。

便帽，也叫瓜皮帽

琵琶襟马甲

大襟马甲

满族男装坎肩

一字襟马褂

镶边长背心

琵琶襟马褂

满族女装旗袍

绣金银长裤

低领镶边长袄

低领阔镶边长袄

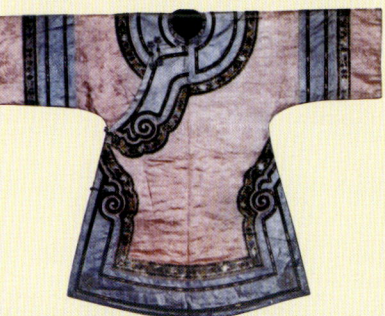
镶边短袄

图说广东 满族

图说广东 满族

a | b

a. 中华人民共和国成立后的广州世居满族群众
b. 民国时期广州穿旗袍的摩登女郎

满族女子穿着以旗袍为主，旗袍讲究装饰，领口、袖口、衣襟均镶有阔边，袖口较宽，衫长至足面。旗袍面料有丝绸和棉麻布等质地，颜色多样。一般来说，老年人或孀妇穿着素淡，年轻女子则衣着鲜艳。传统女性旗袍的剪裁一直采用直线形，肩、胸、腰、臀完全平直，丝毫看不出女子身材线条。后经融合了汉族及西方服饰风格，才演变成突出女性形体曲线美的现代旗袍。

满族女子的传统旗鞋称为"寸子鞋""马蹄底鞋"或"花盆底鞋"，鞋底中间在脚心位置嵌上三寸多厚的木头跟，用细白布裹上，饰以蝉、蝶等刺绣

满族小子

满族女子

68

云肩

图说广东 **满** 族

a	b
c	

a. 清末广州妇女
b. 清代满族贵妇着简洁、明快的夏季服饰，脚穿高底鞋
c. 清末广州满族妇女群像

纹样或装饰片。鞋面面料为绸缎，上绣五彩图案，有的鞋尖处还饰有丝线编成的穗子，长可及地。这种高底旗鞋多为十三四岁以上的贵族中青年女子穿着。老年妇女和劳动妇女穿的旗鞋多以平木或稍矮的跟为底。高底旗鞋在民国后已不多见。时至今日，满族同胞只在节庆活动时穿着本民族服装。

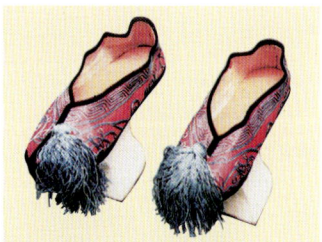

a | b
---
c

a. 高底旗鞋
b. 马蹄底鞋，又称花盆底鞋
c. 刺绣折叠式荷包

穿着传统服饰的广州满族妇女

（二）发式

清代，满族成年男子一般将辫发垂肩，留脑后发，即把前颅的头发剃光，只留顶后头发，梳成辫子垂于脑后。

男子梳辫发

图说广东 满族

女头式"两把头"和男式红樱帽

满族女子则有"辫发盘髻"的习俗。"两把头"是满族女子最典型的发型,即将头发夹于头顶,分成两绺,结成横长式的发髻,以高髻为尚。再将后面余发盘成一个"燕尾"式的长编髻,压在后脖领上,使脖领挺直,加之穿高底旗鞋,走起路来彰显端庄文雅。咸丰以后,这种发型逐渐增高,演变成新的发型"大拉翅"。民国以后,满族同胞的男女发式已根本改变。

满族女子辫发盘髻

清代满族贵妇每人头戴的"大拉翅",各个均有明显不同,所穿马甲亦有特色

72

(三)饮食

满族先民的生活环境和生存条件决定了满族的饮食口味,主要有酸、甜、咸、黏四大特点。酸和咸的食物较易储存,甜食提供能量,黏性食物不易消化,耐饥饿,适合长时间在野外渔猎劳作的人。满族食品的烹饪方法比较简单,往往主食和肉菜合二为一,如小肉粥、包儿饭等,都是将肉和菜放入主食中烹制。满族先民以肉类为主食,尤其喜食猪肉,很早就"好养猪,食其肉,衣其皮"[①]。

自"落广祖"来粤驻防至今260多年里,广东满族的饮食习惯已与当地习俗互相融合,如满族人已将去茶楼品茗交谈、吃茶点作为一种生活习惯,而满族的传统食品萨其

广州街上食摊(摘自1858年伦敦《时代画报》)

---
① 包泉万、赫丛青编著:《图说满族民俗风情》,大连出版社2009年版,第19页。

图说广东满族

a
b

a. 包饽饽
b. 满族饽饽

玛也早已成为广州大小糕点铺售卖的日常点心。然而，广东满族至今仍保留着一些极具特色的民族食品，大致可分为节庆食品、祭祀食品和日常食品三类。

节庆食品。对于广东满族来说，饽饽可算是最重要的食品之一了。满族家庭每逢有节日或喜庆活动，都会包饽饽招待亲友。春节包饽饽预祝新年顺利；结婚时包"子孙饽饽"（一只大饽饽里包着12只小饽饽），寓意人丁兴旺、子孙繁衍；有亲友远行，也会包饽饽送行，祝愿早日成功归来，故有"上马饽饽，下马面"之说。

"饽饽"是满语的称呼，《中国满族》一书中关于饽饽的定义是"由黏米磨成面做成的各种蒸品的统称，类似于汉族的馒头、包子、黄米团等面食合在一起的一个名称"。北方的饽饽品种较多，有苏叶饽饽、波罗叶饽饽、黏糕、凉糕、黏豆包、豆面卷子等，至今在东北仍常见。

广州世居满族家庭制作的饽饽类似于汉族的饺子，用面粉加盐水混合搅拌，揉成面团，再擀制成饺子皮，包馅捏成半月形。馅料的主要原料有猪肉、羊肉、白菜、韭菜、豆瓣酱等。制作饽饽馅要先将猪肉分肥瘦切粒，再将肥肉粒入锅稍煎出油，然后加入瘦肉粒及豆瓣酱煮熟备用。待到包饽饽时，将切碎的蔬菜和其他配料混入饽饽馅拌匀即可。

酸辣面是广东满族婚嫁喜事中必须用到的喜庆食品，在迎亲出嫁的当天晚上，男女双方家庭都会做酸辣面来款待亲友。酸辣面的做法是将生面条用水煮熟，用碗分盛，然后放入用白菜丝、辣椒酱、白醋、牛粉煮成的"辣椒酱"拌匀。

祭祀食品。烙饼和饭卷是在农历正月二十五日"仓官诞"用于拜米缸的祭祀食品。烙饼酥脆甘香，做法很像咸煎饼。饭卷是将白饭加入盐水和面粉揉成饭团，涂上麻油、五香粉，加入虾米、葱花，卷好切件，隔水蒸熟即可食用。

白片肉是满族祭祀时必用的食品。清代时，皇帝在祀典结束后赐予臣子的食物也是以白片肉为主。白片肉的做法简单，将上等猪肉用清水煮熟，切成薄片，食用时蘸以调味品。

猪血肠也是祭神的必备食品。用猪血灌进洗干净的猪肠子里，煮熟切件，蘸酱料食用，麻而不腻，爽而不硬。

日常食品。糕点类有甑糕、萨其玛、豆沙包等。制作甑糕步骤：大米用水浸泡后放在石臼里椿至绵软柔韧，将米团放入圆形中空的正方形木印子里，加入豆沙或芝麻酱做馅，蒸熟即可。萨其玛源于满族，现已成为全国常见糕点。萨其玛的做法是把面粉、鸡蛋和水按比例调匀揉好，擀成薄片后切成细条，放入油锅炸熟，再将熬好的糖稀倒入并搅拌均匀，然后装进事先铺好了芝麻、青红丝、瓜子仁的木槽内压平，取出切成方块即可。

萨其玛

筷子筵席

a | b

a. 八旗餐厅
b. 牛腰火锅

广东满族较有民族特色的日常佐餐类食品有大豆芽咸酸菜汤、咸菜豆腐鱼尾汤、"打沙炮"汤、麻酱汤、"红嘴绿鹦哥"、面筋团猪肉、米粉肉、炒咸菜、酸笋蒸叉烧、白芋头煮虾糕、凉拌粉丝、凉拌茄瓜、生菜包、韭菜炒鱼松、牛腰火锅等。

四、礼仪节庆

（一）礼仪

1. 称谓

260多年来，广东满族人对家中亲属的称谓受到当地汉族的一定影响，但仍保留着大量传统习惯称谓。驻粤初期，子女称呼父母为"阿玛""额娘"，后受到汉族影响，改称"阿爸""阿妈"。孙辈称呼祖父母为"爷爷""太太"，称呼外祖父母为"姥爷""姥姥"。媳妇称呼公婆为"阿爷""阿奶"，公婆则直呼媳妇名字。

兄弟姐妹间按排行顺序互相称呼，弟、妹称呼兄、姐为"×哥""×姐"，兄、姐对弟、妹则直呼名字。弟、妹对嫂嫂的称呼是按照哥哥的排行顺序称为"大姐""二姐""三姐"等，嫂嫂称丈夫的姐妹为"姑娘"（按照排行称为"二姑娘""三姑娘"等）。妯娌之间称谓是按照丈夫的排行互称为"大姐""二姐""三姐"等。

在满族中，对父亲的哥哥称作"大爷"，对父亲的嫂嫂称作"大妈"，后也用"大爷""大妈"称呼年纪较大的男性和女性。

2. 礼节

中华人民共和国成立以前，广东满族人的传统常用礼节通常有以下几种：

"叩头"：晚辈对长辈或尊者使用的礼节，通常在春节前夕辞岁、结婚认亲、开学叩拜老师等场合使用。行礼时，先脱帽，跪左膝，后跪右膝，马蹄袖一掸，双手着地，连扣三下头。

"打扦"：男子对除祖父母和父母以外的长辈请安的一种礼节，即跪半膝，也用于下级对上级行礼。行礼动作是：先掸箭袖，袖头伏下，左膝前屈，右腿后弯，头与上身稍向前倾，左手贴身，右手下垂。

"作揖"：平辈间见面和分别时的行礼方式，即拱手礼，仅限于男子。

"鞑子礼"：满族女子向长辈行扣鞑子头礼时的礼节，俗称"道万福"。

告退

揖别

拜年作揖

3. 满族女性的特殊地位

与汉族女子不同，清代满族女子一般是不缠足的，她们在家庭中的地位大致可从在娘家和在夫家两种情况来看。

清代，满族女子在娘家地位很高，权力很大，往往超越兄嫂，被称为"姑奶奶"。家中遇有红白二事通常都由姑奶奶主持。例如，婚事中的认亲礼必须等姑奶奶回来才可举行，而且第一个受到新婚夫妇叩拜的也是姑奶奶；家姑或家翁的丧事也必须等姑奶奶回家才能开丧；家中过节或遇父母寿辰时，众人都向长辈叩贺，姑奶奶亦可免礼。

与在娘家截然不同的是，姑娘出嫁后，在夫家的地位很低，媳妇伺候公婆，要端庄恭谨，每日给公婆装烟三次，一日三餐要站着伺候，早晚还要送上洗脸水和洗脚水。

4. 婚丧习俗

广东满族的婚丧习俗多模仿汉族，但也有一定的民族特点，婚嫁中比较突出的有闺女出嫁时必须由父兄背上花轿以及娶亲时的拜斗箭和跨马鞍等习俗，在丧事中出殡"棺材头在前行"等也是满族特有的。这些习俗直至20世纪60年代仍有人沿用，今天则很少见了。

嫁娶习俗：姑娘出嫁前要先行把嫁妆搬到男方家。嫁妆搬到后，女方家派两名男童到男方家"钉门帘"，并说些吉祥话，如"门帘高挂，五世其昌，白头到老，儿孙满堂"等。迎娶新娘当日，男方也会派两名男童到女方家"偷子孙筷"，寓意人丁兴旺。

婚礼正日，男方家备好花轿及仪仗队到女方家娶亲。仪仗队的音乐是用"马锣马鼓"，敲打乐器有大锣、大钹等，边行进、边演奏。敲打头锣时，每次要敲足13响。女子出嫁的打扮是将头发梳成数股，缠以红头绳，盘在头上，名为"箍髻儿头"，身穿红色棉衣棉裤，胸前佩戴"护心镜"，脚穿红头绿尾中间绣有尾抽的踩堂鞋，用花巾或红巾盖着头和脸。上花轿时，必须由父或兄背上花轿，另一位亲属在旁边撑着伞，使新娘不露天。花轿夜间起行，以夜间11时至凌晨4时为准。女方家的亲友都扶着花轿的轿杠将新娘送至男方家，表示对新娘的爱护和不舍。花轿返回男方家途中，沿途燃放鞭炮。在女子出嫁的当晚，主家准备酸辣面款待亲友。

娶亲的男方家一定要备有炭炉、马鞍、弓箭和米斗等物。迎亲花轿回来时要一直把花轿抬进屋内，如果门口太窄不能进花轿，则把花轿紧贴门口，在坐北朝南的方向坐下，

满族婚礼图(局部)

图说广东 满族

满族婚礼风俗画

  由"娶亲太太"和"迎亲太太"两位"好命"妇人一左一右伺候在花轿边。待花轿门打开时，新娘伸出双手接住两位太太递给她的"一包金"和"一包银"，然后在两位太太的搀扶下走下花轿，跨过马鞍，拜过米斗和一弓三箭，踏着红毡进入新房。在拜米斗和弓箭时，还要把白酒倒进烧红的炭炉里，腾起一阵烈焰，取兴盛之意。新娘步入新房后，新郎用木尺挑去盖头巾，并举行"金杯换玉盏"和"抢被窝"的仪式。仪式完毕后，新郎新娘共吃"子孙饽饽"。

  婚礼第二天举行认亲仪式。早上新人先向西面拜"佛德妈妈"，接着拿着筷子进厨房拜"灶君神"，然后才开始认亲。新郎行叩头礼，新娘行叩鞑子头礼，受叩拜的次序为

a. 满族婚礼——拜天地（清代风俗画）
b. 满族婚礼——过嫁妆
c. 满族婚礼——坐花轿

a | b

a. 满族葬礼——打幡的执事
b. 满族葬礼——送纸人

大姑、小姑,继而妯娌,翁姑当天不受叩拜。认亲完毕后共进"暖堂饭",晚上送新人入洞房。第三天下午娘家来认亲,瞧姑娘,晚上三更以后新娘回门,天亮以后回家。至此婚礼仪式完毕。

丧葬习俗:死者去世后,将其抬到大厅,由其子孙亲自为其穿着"装古"(寿衣),然后将遗体横停在厅中,右侧朝向厅外。入殓时,死者的子女要剪些头发作陪葬物。出殡前,孝子跪在棺材头,把烧纸钱的灰盆摔烂,称为"摔丧盆"。出殡时,以棺材头先行,孝子身穿孝服,头戴凉帽,当出殡仪仗到达城郊时,便与棺材分手,称为"辞灵"。由于满族不在家里安放"神主牌",故没有回灵的仪式。

(二)节庆

根据《广东省志·少数民族志》和《广东满族史》等资料记载,满洲八旗驻防广州以后,在节日习俗上受到当地文化的影响,但有些节日的具体做法还是保留了满族的民族特色,如春节吃饽饽,中秋节烧"月光模儿"等,另外广东满族也有自己的民族节日,如"大天仓""阿婆诞""颁金节"等。

春节,是满族的大节日。满族的传统春节过的是三天年,即腊月三十、正月初一和正月初二。大年三十,各家都忙着包饽饽,作为春节期间自家过年和款待亲友的食物。过节的各项东西制备妥当后,就要封井封刀,不得使用,连打扫卫生的扫帚和簸箕也要收起来，直到正月初二才可以重新启用。除夕晚上，合家团聚，共进晚餐，在过去，这是一年中最丰盛的一餐。团圆饭后，晚辈要向长辈叩头辞岁，长辈则给晚辈封压岁钱。正月初一，广东满族家家户户都吃饽饽。

"阿婆诞"，在农历正月十七日。广东满族人喜欢在床头下面安放"床头婆"，俗称"婆太"，祈求护佑生育。正月十七日晚有阿婆游街的习俗，人们常用彩色纸制作"阿婆灯"来拜祭。有些女子还会到位于惠福西路的五仙观里的竹树下取一块石头回家，祈求得到阿婆太和竹树观音帮助，顺利怀胎生育。

"大天仓"，也叫添仓节，广东满族人在农历正月二十五日有拜米缸的习俗。相传从前在长白山有位管理粮食的官员名叫仓廪，为人正直，爱护百姓。他擅长种植庄稼，并把种植技术教给百姓，深受百姓爱戴。传说仓廪后来成了神，依然管理粮食，从此民间风调雨顺，连年丰收。满族百姓敬重他，将仓廪神供奉在粮仓中，每年正月二十五日"仓官诞"那天，百姓都备上祭品到粮仓拜祭。满洲八旗驻粤时没有农田，满族人无法在粮仓供奉仓廪神，只好将家中米缸暂作为粮仓来拜祭。后来满族族胞中一位有威望的老者说："我们这个'粮仓'比天还大。"于是一倡百和，大家都将米缸作为粮仓来拜祭仓官，准备了"烙饼"和"饭卷"等食品作为祭品，并名之为"大天仓"。

中秋节，广东满族人准备中秋拜月食品时一定会有一碟带皮煮熟的芋头。另外还要烧一个用纸篾糊成的"月光模儿"，其形状是一个月形阶级平台，台阶前的栅门写着"广寒宫"三字，两旁则写上"江山千古秀，花木四时春"的对联。

颁金节，在农历十月十三日，这天是满族定名之日。"颁金"在满语中是诞生的意思。后金天聪九年（1635），皇太极宣布定族名为"满洲"，从此，每年农历十月十三日就成为满族独有的盛大节日。近年来，广东满族在颁金节以歌舞表演、学术研讨会、座谈会等形式来纪念和庆祝满族诞生。

米缸

五、民间艺术

在广东满族人中流传的艺术形式主要有民歌、民谣、操练乐曲、粤剧、粤曲、民间传说等，融合了满族的民族特色和岭南当地的风情，内容丰富，反映了满族民众的幸福生活。

满族民歌有摇篮曲、儿歌、情歌、劳动歌、风俗歌、山歌、小调、喜歌、战歌、叙事歌等,形式多样,内容广泛,音乐也各有特色。广东满族民歌代表作有《灯盏子花》《翻身小唱》《卖糕谣》等。《灯盏子花》是一首摇篮曲,描述的是满族女子一边哄孩子睡觉,一边诉说被家姑(小姑子)欺负的愤怒之情。《翻身小唱》运用《太平年》的调子填写,表达了满族人民在中国共产党的民族政策照耀下得翻身的感激之情。《卖糕谣》流行于清末,满族人用满语吆喝"叫卖调",20世纪50年代重新发掘整理民谣时又在原有基础上加上了满族人民感恩民族政策的汉语歌词。

广东满族民谣代表作有《月光光》《打铁歌》《跑白马》《花生生》,以及中华人民共和国成立时流行的《太平年》等。满族民谣《月光光》与广府粤语童谣《月光光》曲调类似但唱词有所不同。据广州满族老人回忆,《月光光》是清末流行的童谣,词句中包含着广州满洲话的特点,唱词中的北方词汇多于粤语,其内容也反映了广州满族人的家庭生活情趣和轶事,可以说这首民谣是当时满汉融合的生动体现。《打铁歌》是一首拍手游戏的童谣,辛亥革命后逐渐失传,20世纪50年代重新发掘整理。

广东满族乐曲的代表作是《走阵》,其原名《大操走阵》或《大枪走阵》,是清代驻防广州八旗官兵三年一次大操时演奏的一种鼓乐曲,士兵列队随着音乐节奏操演。这是一首气势雄壮的军乐进行曲,过去在广州满族人中很流行,满族老年人常将这首乐曲教给晚辈学唱。

广东满族的民间故事有《祖宗袋的故事》《包饽饽的传说》《大天仓的来历》《腊八粥的来历》《熊人婆》《牛仔树》等。

a	b
c	

a. 满族民歌《灯盏子花》
b. 满族妇女演唱《灯盏子花》
c. 《走阵》乐谱(摘自《广东满族志》)

来，直到正月初二才可以重新启用。除夕晚上，合家团聚，共进晚餐，在过去，这是一年中最丰盛的一餐。团圆饭后，晚辈要向长辈叩头辞岁，长辈则给晚辈封压岁钱。正月初一，广东满族家家户户都吃饽饽。

"阿婆诞"，在农历正月十七日。广东满族人喜欢在床头下面安放"床头婆"，俗称"婆太"，祈求护佑生育。正月十七日晚有阿婆游街的习俗，人们常用彩色纸制作"阿婆灯"来拜祭。有些女子还会到位于惠福西路的五仙观里的竹树下取一块石头回家，祈求得到阿婆太和竹树观音帮助，顺利怀胎生育。

"大天仓"，也叫添仓节，广东满族人在农历正月二十五日有拜米缸的习俗。相传从前在长白山有位管理粮食的官员名叫仓廪，为人正直，爱护百姓。他擅长种植庄稼，并把种植技术教给百姓，深受百姓爱戴。传说仓廪后来成了神，依然管理粮食，从此民间风调雨顺，连年丰收。满族百姓敬重他，将仓廪神供奉在粮仓中，每年正月二十五日"仓官诞"那天，百姓都备上祭品到粮仓拜祭。满洲八旗驻粤时没有农田，满族人无法在粮仓供奉仓廪神，只好将家中米缸暂作为粮仓来拜祭。后来满族族胞中一位有威望的老者说："我们这个'粮仓'比天还大。"于是一倡百和，大家都将米缸作为粮仓来拜祭仓官，准备了"烙饼"和"饭卷"等食品作为祭品，并名之为"大天仓"。

中秋节，广东满族人准备中秋拜月食品时一定会有一碟带皮煮熟的芋头。另外还要烧一个用纸篾糊成的"月光模儿"，其形状是一个月形阶级平台，台阶前的栅门写着"广寒宫"三字，两旁则写上"江山千古秀，花木四时春"的对联。

颁金节，在农历十月十三日，这天是满族定名之日。"颁金"在满语中是诞生的意思。后金天聪九年（1635），皇太极宣布定族名为"满洲"，从此，每年农历十月十三日就成为满族独有的盛大节日。近年来，广东满族在颁金节以歌舞表演、学术研讨会、座谈会等形式来纪念和庆祝满族诞生。

米缸

五、民间艺术

在广东满族人中流传的艺术形式主要有民歌、民谣、操练乐曲、粤剧、粤曲、民间传说等，融合了满族的民族特色和岭南当地的风情，内容丰富，反映了满族民众的幸福生活。

满族民歌有摇篮曲、儿歌、情歌、劳动歌、风俗歌、山歌、小调、喜歌、战歌、叙事歌等，形式多样，内容广泛，音乐也各有特色。广东满族民歌代表作有《灯盏子花》《翻身小唱》《卖糕谣》等。《灯盏子花》是一首摇篮曲，描述的是满族女子一边哄孩子睡觉，一边诉说被家姑（小姑子）欺负的愤怒之情。《翻身小唱》运用《太平年》的调子填写，表达了满族人民在中国共产党的民族政策照耀下得翻身的感激之情。《卖糕谣》流行于清末，满族人用满语吆喝"叫卖调"，20世纪50年代重新发掘整理民谣时又在原有基础上加上了满族人民感恩民族政策的汉语歌词。

广东满族民谣代表作有《月光光》《打铁歌》《跑白马》《花生生》，以及中华人民共和国成立时流行的《太平年》等。满族民谣《月光光》与广府粤语童谣《月光光》曲调类似但唱词有所不同。据广州满族老人回忆，《月光光》是清末流行的童谣，词句中包含着广州满洲话的特点，唱词中的北方词汇多于粤语，其内容也反映了广州满族人的家庭生活情趣和轶事，可以说这首民谣是当时满汉融合的生动体现。《打铁歌》是一首拍手游戏的童谣，辛亥革命后逐渐失传，20世纪50年代重新发掘整理。

广东满族乐曲的代表作是《走阵》，其原名《大操走阵》或《大枪走阵》，是清代驻防广州八旗官兵三年一次大操时演奏的一种鼓乐曲，士兵列队随着音乐节奏操演。这是一首气势雄壮的军乐进行曲，过去在广州满族人中很流行，满族老年人常将这首乐曲教给晚辈学唱。

广东满族的民间故事有《祖宗袋的故事》《包饽饽的传说》《大天仓的来历》《腊八粥的来历》《熊人婆》《牛仔树》等。

a	b
c	

a. 满族民歌《灯盏子花》
b. 满族妇女演唱《灯盏子花》
c. 《走阵》乐谱（摘自《广东满族志》）

图说广东
满族

a	d
b	e
c	f

a. 舞龙（广州博物馆藏）
b. 游行童子乐队
c. 斗鹌鹑（威廉·亚历山大画）
d. 放纸鹞
e. 踢毽子
f. 清代八旗子弟（19世纪广州外销通草纸水彩画）

85

第六章 满族新貌

一、人口发展

自乾隆年间起，满洲八旗官兵到粤驻防，负责镇守边疆、巩固统治并协助地方维护治安。辛亥革命爆发后，广东满族赞成孙中山提出的"五族共和"倡议，促成广东和平易帜。民国时期，广东满族民众生活日趋艰难，因害怕遭到迫害而隐姓埋名。中华人民共和国成立后，国家实行民族平等、民族团结的方针，推行了一系列民族优惠政策。在民族政策的照顾下，广东满族在政治、经济、文化、教育等各方面都得到了迅速的恢复和发展。

乾隆二十一年（1756），满洲八旗官兵1500人携家眷到达广州，家眷人数无据可考，总计满族人数有三四千人，而后，在粤满族人口逐年递增。据《驻防广州小志》《广州驻防事宜》《驻粤八旗志》等史料记载，嘉庆十四年（1809），在册满族人口共4470人；至道光十六年（1836），在册满族人口增至5072人；同治十三年（1874），广州满族人口为6013人；光绪十年（1884），广州满族人口共6272人。

至民国时期，或因隐姓埋名，或因生计维艰，在粤满族人口锐减。至中华人民共和国初期，全国开展第一次人口普查时，广州市满族人口只剩下1492人。在党和政府的关怀下，广州满族人口逐步增长。1964年第二次全国人口普查时，广州满族人口为2659人；1982年第三次全国人口普查时，广州满族人口为2962人；1990年第四次全国人口普查时，广州满族人口增长到3996人。因为驻粤八旗的驻防地点位于今广州市越秀区，所以在第三次全国人口普查前，广州市满族人口有一半以上集中在越秀区。此后，广州满族

广州市民族宗教界"喜庆十八大书画摄影作品展"

人口分布日益分散，由市中心区域逐渐向近郊和新区迁移。到第四次全国人口普查时，越秀区满族人口只占全市满族人口的三分之一。

改革开放后，从全国各地到广东务工经商的满族人越来越多。2010年第六次全国人口普查时，广东满族人口已增长到29557人，比1990年增加了三倍。广东满族人口主要集中在广州、深圳、珠海、佛山、惠州、东莞等珠三角城市，其中2/3的人口集中在广州（8949人）和深圳（10963人）两市。

a | b

a. 广州满族代表郎秀萍、唐淑蓉赴京学习的合影
b. 身着民族服装的现代满族女性

二、社团组织

1952年11月，广东召开了第一届民族工作会议，号召全省各族人民团结起来，生产自救，振兴中华。1953年6月，"中国人民保卫世界和平委员会广州满族支会"（简称"广州满族抗美援朝支会"）宣布成立，在支会成立的五年间，宣传党和国家的民族政策、法律法规，培养了新一代民族干部和人大代表、政协委员及妇女、青年代表，通过组织各种社会活动，为满族族胞办实事办好事，把广东满族团结在党和政府周围。同时，支会在抗美援朝的动员工作中号召满族人民以实际行动保家卫国，不少广东满族青年响应号召加入中国人民志愿军支援前线。

1959年12月组建广州市少数民族第二俱乐部；1980年4月成立广州市满族文化室；1984年9月，广州满族民众再次组建起联络族胞的群众性联谊组织——广州市满族联谊会，会址设在越秀区海珠北路妙吉祥室；2001年11月，广州市满族联谊会更名为广州市满族历史文化研究会，会址不变。这些社团组织不仅是广东满族人民的"娘家"，也是连接政府与满族群众的纽带和桥梁。广州市满族联谊会和广州市满族历史文化研究会一脉相承，自成立以来，宣传贯彻党的各项民族政策，加强满族内部的团结和凝聚力，协助政府挖掘保护满族

1984年9月18日，广州市满族联谊会成立

广州市满族第一次代表会议暨满族联谊会成立留影

传统文化艺术,收集民族历史文物,整理民族历史资料,出版民族刊物;组织满族族胞参观访问、寻根问祖,开展各项文娱活动,促进广东满族与东北满族及海外满族的交往交流;协助政府建设和管理广州市满族小学等。

广州市满族历史文化研究会驻地

图说广东 满族

a	b
c	d

a. 广州市满族第一次代表会议
b. 广州市满族第三届第一次代表会议
c. 广州市满族第四届第一次代表会议
d. 广州市满族联谊会第五届第一次代表会议

广州市满族联谊会获得"全国民族团结进步模范单位"称号

广州市满族历史文化研究会第二次会员代表大会

广州市满族历史文化研究会第三次会员代表大会

a | b

a. 广州市满族历史文化研究会办公场所
b. 广州市满族历史文化研究会部分研究员合影

三、社会活动

（一）满族历史文化研究

广州市满族历史文化研究会（及其前身广州市满族联谊会）自成立以来，积极开展满族历史文化研究。在首届会长汪宗猷的积极倡导和带领下，研究会创办了会刊《广州满族》（前身为《满族通讯》《广州满族研究》）；公开或内部出版资料专辑和民族史志数本，如《广州满族文史资料选辑》《广州满族简史》《广东满族史》《广东满族志》《广东满族》《广东满族研究资料汇集》《越秀区满族志》《南粤满族文集》《满族工作五十年》《在改革开放中的广州满族》《广东满族丛书·欣欣向荣文集》《粤剧表演艺术家郎筠玉》《广州满族今昔资料选集》《民族与教育——满族汪宗猷回忆录》《广州满族诗词集》《花城旗语》《粤海满韵》《驻粤八旗史料汇编》等。

同时，广州市满族历史文化研究会还广泛发动满族同胞抢救、挖掘一批满族民间文学艺术，对濒临失传或被部分遗忘的优秀民族传统

广州市满族历史文化研究会会刊

广东满族部分相关出版物

文化进行整理并加以弘扬。如整理民歌《灯盏子花》、民乐《走阵》等,通过走访满族老人,将流传于口头的零碎曲句搜集记录,不断补充完善、保存并传承。

在社团组织的活动中,提倡穿戴民族服饰,制作民族食品,还尊礼仪、重教养。在活动中常见女性身着旗袍,脚踩"花盆底鞋",男性穿着坎肩,行"叩头""作揖"礼节,民族习俗得到恢复和弘扬。近年来,还通过召开满族历史文化研讨会、全国满族联谊会会长论坛,组织颁金节庆祝活动等方式,使满族文化在广东得到了进一步的发展。

广州市满族历史文化研究会学术研讨活动

a	b
c	d

a. 第七届全国满族联谊会会长论坛在广州市举行，广州市满族历史文化研究会原会长金玉阶发言
b. 广州满族代表着民族服装参加第七届全国满族联谊会会长论坛
c. 广州满族老人茶叙
d. 满族颁金节文化研讨会合影

2013年下半年，由广州市满族历史文化研究会主办的广州满族文化陈列馆在海珠中路123号妙吉祥室成功开馆。陈列馆分为图片文字和实物展示两部分，通过近200张照片和11个实物展柜，介绍了满族人民的文化传统和广州满族远离故土260多年来的历史嬗变。

a. 广州满族文化陈列馆内景（部分）
b. 帽筒
c. 樟木箱

珠光街八旗博物馆开馆

八旗博物馆内部陈设

同年，广州市越秀区珠光街党工委、办事处从挖掘和保护历史文化遗产、弘扬传统文化的角度出发，开办了八旗博物馆。博物馆展览主要分为"八旗的由来与发展""八旗子弟驻防广州""旗人在广州的生活文化"三个方面，通过大量的历史资料、图片和实物，再现了八旗官兵驻防广州的生活。

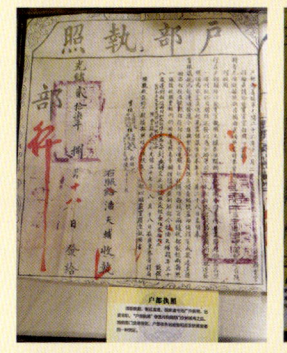 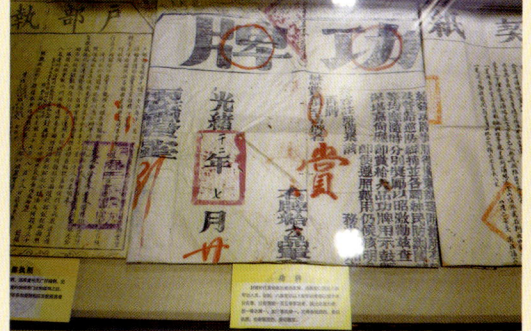 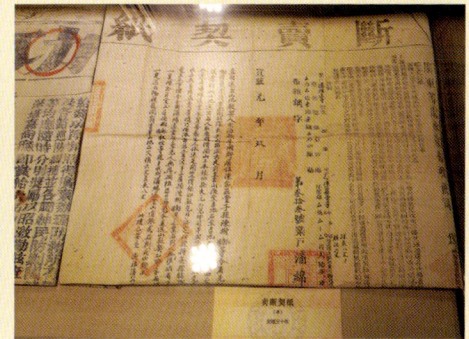
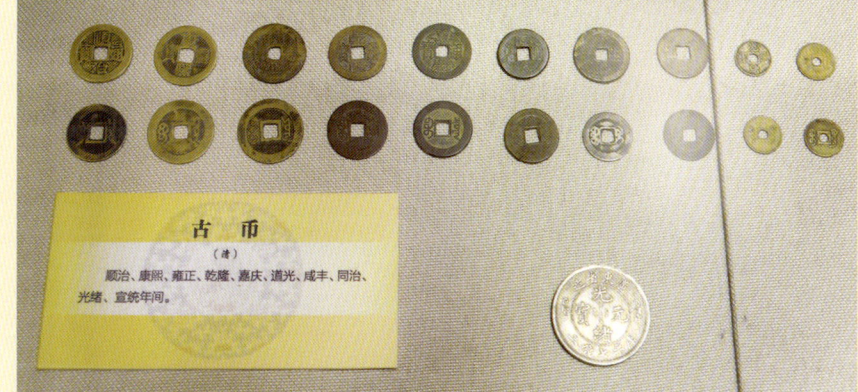 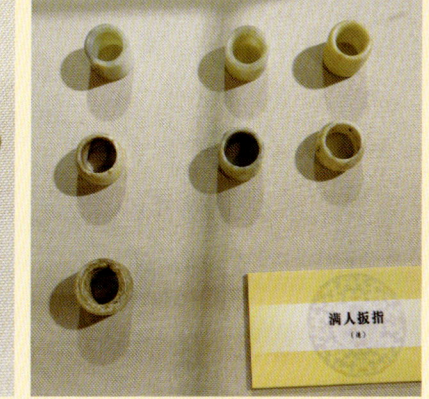

图说广东满族

八旗博物馆部分藏品

（二）组织族胞联谊活动

1. 节日联欢

改革开放以来，广东满族的联谊活动日益增多，在广州市满族历史文化研究会（原为广州市满族联谊会）的组织倡导下，每逢佳节，满族族胞都欢聚一堂，共同庆祝。每年农历正月初，满族族胞都以茶话会形式举行联欢活动，称为"春茗"，欢度春节。族胞们载歌载舞，欢声笑语，享特色之点心，尽互助之情谊。每年"三八"妇女节、"五一"劳动节、教师节、颁金节等，满族族胞均举行专题座谈会，交流心得，表彰先进。

文艺晚会表演《民族和谐谱新曲》

广州满族近年春节茶话会（部分）

a. 广州满族"迎奥运"羽毛球、乒乓球比赛
b. 广州满族运动会
c. 广州满族举办的学习活动
d. 广州满族庆祝妇女节联欢会
e. 首届广州满族卡拉ok比赛

a	b
c	d

a. 庆祝新中国成立六十周年暨广州满研会成立二十五周年茶话会
b. 广州满族庆祝中国共产党成立八十周年酒会
c. 庆祝国庆70周年座谈会
d. 广州满族庆祝颁金节

2. 参观考察

广州市满族历史文化研究会不定期组织社团研究人员及会员赴省内外参观考察，调研满族历史文化遗迹。如赴广州市番禺南村镇余荫山房参观研究满洲窗、八角亭及满族家居；参观广州市越秀区五仙古观，研究满族教育历史；考察广州市番禺区莲花山清兵营旧址；赴东北三省参观访问，寻根问祖等。

参观考察满族文化活动

（三）敬老扶贫

满族是个具有敬老扶贫优良传统的民族，广东满族亦承袭了这一传统。广州满族每月一次的敬老聚会延续多年，已成惯例。聚会中70岁以上当月生日的满族老人还会收到"利是"，大家在聚会中畅所欲言，气氛热烈；广州市满族历史文化研究会每年还向满族老人发放敬老金，已坚持30多年；满族同胞中的特困户也能得到研究会的一定资助，按月给予一定的生活补助，春节前夕还向他们发放慰问金、慰问品。

向满族老人发放慰问金

敬老扶贫活动

(四）关心教育

满族是个尊师重教的民族，非常重视对学子的教育和教师的关心。广州市满族小学自成立以来，一直受到广东广大满族族胞的关心和支持。广州市满族历史文化研究会长期关心帮助广州市满族小学的建设和教育工作，从满族小学的创建到选取新校址，从宣传民族政策到慰问教师、奖励学生，广州市满族历史文化研究会都投入了大量的精力和财力，为培养优秀的满族子弟尽心尽力。

广州市满族小学建校70周年庆祝活动

发放奖学金

庆祝教师节茶话会

广州市满族小学组织学生参观光塔街民族民俗文化展览

参考文献

1. 滕绍箴：《满族发展史初编》，天津古籍出版社，1990年。
2. （清）长善等纂，马协弟、陆玉华点校注释：《驻粤八旗志》，辽宁大学出版社，1992年。
3. 汪宗猷主编：《广东满族志》，广东人民出版社，1994年。
4. 广州市越秀区满族志编写组编：《越秀区满族志》（内部资料），1994年。
5. 汪宗猷主编：《广东满族研究资料汇集》（内部资料），1995年。
6. 汪宗猷主编：《广东满族》，花城出版社，1998年。
7. 刘小萌：《满族的社会与生活》，北京图书馆出版社，1998年。
8. 汪宗猷主编：《满族工作五十年》（内部资料），1999年。
9. 定宜庄：《最后的记忆——十六位旗人妇女的口述历史》，中国广播电视出版社，1999年。
10. 张佳生主编：《满族文化史》，辽宁民族出版社，1999年。
11. 汪宗猷主编：《南粤满族文集》（内部资料），2000年。
12. 汪宗猷：《民族与教育》，中国戏剧出版社，2004年。
13. 汪宗猷主编：《广州满族诗词集》（内部资料），2004年。
14. 汪宗猷主编：《广州满族今昔资料选集》（内部资料），2004年。
15. 福建省少数民族古籍丛书编委会：《满族卷》（福建省少数民族古籍丛书），民族出版社，2004年。
16. 汪宗猷主编：《广东满族史》，中国戏剧出版社，2006年。
17. 爱新觉罗·溥仪：《我的前半生》，同心出版社，2007年。
18. 张佳生：《八旗十论》，辽宁民族出版社，2008年。
19. 包泉万、赫丛青编著：《图说满族民俗风情》，大连出版社，2009年。
20. 《民族问题五种丛书》辽宁省编辑委员会编：《满族社会历史调查》，民族出版社，2009年。
21. 曾慧：《满族服饰文化研究》，辽宁民族出版社，2010年。
22. 常书红：《辛亥革命前后的满族研究》，社会科学文献出版社，2011年。

23. 关凯编著：《中国满族》，宁夏人民出版社，2012年。
24. 张碧波、庄鸿雁：《萨满文化研究》，甘肃民族出版社，2012年。
25. 于今：《满族》，辽宁民族出版社，2014年。
26. 李治亭主编：《新编满族大辞典》，辽宁大学出版社，2014年。
27. 金玉阶、伍嘉祥、沈林主编：《花城旗语》，花城出版社，2015年。
28. 刘红彬、多海编：《满族家谱研究》，吉林人民出版社，2016年。
29. Mark C. Elliot（欧立德）. *The Manchu Way: The Eight Banners and Ethnic Identity in Late Imperial China*. （《满洲之路：八旗制度与清代的民族认同》）Stanford: Stanford University Press，2001.
30. [韩]任桂淳：《清朝八旗驻防兴衰史》，生活·读书·新知三联书店，1994年。
31. [美]费正清、费维恺编：《剑桥中华民国史（1912—1949）》，中国社会科学出版社，1994年。
32. [美]路康乐著，王琴、刘润堂译：《满与汉：清末民初的族群关系与政治权力（1861—1928）》，中国人民大学出版社，2010年。
33. [美]费正清、刘广京编：《剑桥中国晚清史（1800—1911）》，中国社会科学出版社，2018年。

后记

由广东省民族宗教委主导、广东省民族宗教研究院组织编写的"图说广东民族与宗教"书系之《图说广东满族》，几易其稿，终于成功付梓。

本书共分为六章，分别是八旗驻粤、生计变迁、兴办学堂、古迹寻根、民俗风韵和满族新貌，从乾隆年间满洲八旗官兵携家眷来粤驻防讲起，力图用简练的文字、生动的图片向读者展示八旗官兵驻防广州的历史变迁，同时从宗教信仰、居室宅院、服饰饮食、礼仪节庆、民间艺术等方面，展现了在粤满族的文化特点，最后部分简述了中华人民共和国成立后广东满族的发展变化，主要是在社科研究、社会活动、文教建设等方面取得的新成就。本书按照"图说广东民族与宗教"书系设计要求，以"图说"的形式全面反映广东满族的历史、经济、文化、人物、建筑等，力求以图存史、以图寻迹。

本书的写作和图片采集工作得到了多家单位和研究学者的大力支持和帮助，广州市满族历史文化研究会、广州市越秀区珠光街道办、广州市越秀区档案局提供了大量的图片资料。本书作者之一金玉阶先生自本书筹备之日起直至书稿完成，对本书的框架和文稿提出了许多高质量的意见，已在撰写过程中融入行文。金玉阶先生为本书的图片拍摄和资料收集提供大量帮助，并参与了部分章节的修改与补充。本书在写作过程中，还参阅了大量文献资料和论著，并使用了多位作者和朋友提供的图片，在此一并表示诚挚的谢意！最后要感谢本书的责任编辑，他们为本书的面世做了大量工作。

由于本人从事满族研究历时甚短，文献阅读与田野经验也相当有限，故编写过程中难免出现遗漏和不足之处，敬请广大读者批评指正。

杨晶晶

2020年7月